欣赏式探询助你实现高效对话

［美］杰奎琳·斯塔夫罗斯（Jackie Stavros） 著
切丽·托雷斯（Cheri Torres）
于娟娟 / 译

CONVERSATIONS
WORTH HAVING
USING APPRECIATIVE INQUIRY TO FUEL
PRODUCTIVE AND
MEANINGFUL ENGAGEMENT

图书在版编目（CIP）数据

欣赏式探询助你实现高效对话/（美）杰奎琳·斯塔夫罗斯（Jackie Stavros），（美）切丽·托雷斯（Cheri Torres）著；于娟娟译. -- 北京：华夏出版社有限公司，2021.7

书名原文: Conversations Worth Having：Using Appreciative Inquiry to Fuel Productive and Meaningful Engagement

ISBN 978-7-5080-9244-7

Ⅰ.①欣… Ⅱ.①杰… ②切… ③于… Ⅲ.①语言艺术 Ⅳ.①H019

中国版本图书馆 CIP 数据核字(2021)第 078034 号

Copyright © 2018 by Jackie Stavros and Cheri Torres

Copyright licensed by Berrett-Koehler Publishers

Arranged with Andrew Nurnberg Associates International Limited

Simplified Chinese copyright © 2021 by Huaxia Publishing House Co., Ltd.

版权所有 翻印必究

北京市版权局著作权合同登记号：图字 01-2021-2934 号

欣赏式探询助你实现高效对话

作　　者	[美] 杰奎琳·斯塔夫罗斯　　[美] 切丽·托雷斯
译　　者	于娟娟
责任编辑	马　颖
责任印制	刘　洋
出版发行	华夏出版社有限公司
经　　销	新华书店
印　　刷	三河市万龙印装有限公司
装　　订	三河市万龙印装有限公司
版　　次	2021 年 7 月北京第 1 版　2021 年 7 月北京第 1 次印刷
开　　本	710×1000　1/16 开
印　　张	15.25
字　　数	110 千字
定　　价	79.00 元

华夏出版社有限公司　地址：北京市东直门外香河园北里 4 号　邮编：100028
网址：www.hxph.com.cn　　电话：（010）64663331（转）
若发现本版图书有印装质量问题，请与我社营销中心联系调换。

本书赞誉

开创性的作品！杰奎琳和切丽提供了一种很棒的方法，可以在任何情况下改进沟通。想成为一名有出色沟通力的领导者吗？请读一读这本书！

——美国陆军中校 洛伊德·比尔三世

杰奎琳和切丽为我们介绍了怎样通过每一次对话改变世界！

——通用汽车公司全球员工敬业度高级经理

洛里·马西·库恩

我们经常通过扭曲的镜头看待这个世界。在这个被扭曲的镜头里，很多东西也许看起来乱七八糟且不可改变，人们也几乎不会出色地完成工作。这就是为什么领导者和管理者有必要阅读切丽和杰奎琳的著作。她们给出了一些简单实用的技巧，可以帮助人们把问题转变为潜力、创造力和持续成长。

——利维创新（Levy Innovation）创始人、《意外的天才》（*Accidental Genius*）一书作者　马克·利维

杰奎琳和切丽为我们提供了通过交流改变对话的第一本实用指南，为我们自己、人际关系和组织带来我们渴望实现的变革。她们的实践方法十分简洁。在我跟领导者合作时，这本书会成为我的首选参考资料。

——深度对话（Profound Conversations）总裁、《精彩：希思赛德的故事》（*Brilliant: The Heathside Story*）作者　尼尔·塞缪尔斯

我们通过对话创造出我们的世界。这本书描述了生成性对话与带来障碍的对话之间的区别，阐明了欣赏式探询怎样改变个人感受，为组织提供建构性的前进道路。

——世界咖啡（World Café）联合创始人、《世界咖啡》（*The World Café*）作者　胡安妮塔·布朗

本书融入个人和组织的对话故事，介绍了如何架构对话才能让人们愿意投入其中、采取行动。此前你从未

以这样的方式看待你的对话世界。

——坎昆心理学中心家庭和夫妻关系咨询师
伊姆加德·冯·沃贝塞

斯塔夫罗斯和托雷斯出色地将欣赏式探询应用到日常沟通实践中以提升人际关系。这本书围绕真正应用这些理念的人讲述了各种各样的故事，趣味性强，易于理解，非常实用。

——正向变革公司（Corporation for Positive Change）
创始人、陶斯学院（Taos Institute）
联合创始人　戴安娜·惠特尼博士

本书与我们的对话世界（包括个体间的互动、群体内的互动、企业内的互动和国际上的互动）存在意义深远的关联。在关于有效沟通的图书资料中，欣赏式探询的方法很受欢迎。

——劳伦斯理工大学校长　维林德·穆德吉尔

我们在脑海中进行对话，却没有意识到它们产生的影响。杰奎琳和切丽展现了怎样确保对话发挥正向作用。这本语言简洁的著作指导我们怎样与自己和他人进行有

效互动!

——卡特扣(Cutco)公司西部地区

经理　丹·卡塞塔

这是我最喜欢的关于欣赏式探询的著作!它抓住了复杂概念的核心,很好地解释了一切问题,并给出了可以立即应用的技巧!为了能在工作中或者在家里应用欣赏式探询,先捡起这颗宝石吧。

——愿景领导学院(Visionary Leadership Academy)

创始人　塞思·卡汉

本书给出了日常应用欣赏式探询的实用方法,介绍了如何解决棘手的问题、创造有意义的对话,以及通过简单的实践建立富有成效的关系。我最喜欢的部分是提出生成性问题。很棒的著作!

——美国陆军坦克汽车研发工程中心执行主管

珍妮弗·A.希契科克

我需要与基层、地方和各州的利益相关者对话。关于怎样开展值得进行的对话,这本书提供了绝佳策略!这是你在任何情况下进行任何对话的指导手册。请务必随身携带!

——美国底特律市首席规划师　约翰·F.巴兰

这本书改变了我参与对话和应对的方式。它帮助我在工作和家庭中真诚地表达自我,倾听和理解他人,以及成为更有价值的自己。

——自然景观市场(Natural View Market)

经理　斯蒂芬妮·施吕特

杰奎琳和切丽与我们分享了如何将螺旋式下降的对话转变为有上升可能性的对话。如果你参加了欣赏式探询或正向心理学的团体,你会发现这本书对你的研究和实践非常有用!

——泰国易三仓大学商学研究生院MMOD

项目主管　马里萨·费尔南多

我和我的孩子们进行过很多次对话。大部分是好的,也有些很糟。这本书为我提供了一种简单的方法,让我可以更有效地与孩子们沟通,并且轻松化解冲突。

——践行家庭教育理念的莫妮卡·切斯特护士

本书指导我们有意识地在对话中应用一些简单的实践方法,使任何对话不再围绕着我们不想要的东西进行,转而追求创造可能性。

——《你的收入,你的生活》(Your Income, Your Life)

作者、西部大学财务运营主管　杰夫·鲍曼

  我们的互动决定了我们所处的组织是繁荣兴旺还是默默无闻。作者为我们提供了一种进行高质量对话的方法,创造出一种有益于所有人的环境!

  ——克利夫兰诊所管理人员

  保罗·A.米科洛维奇博士

目录

前言 001
引言 001

第一章　切换对话 001
第二章　你在进行什么样的对话 019
第三章　两种简单的欣赏式实践 045
第四章　是什么驱动你的对话 071
第五章　推广精彩的对话 101
第六章　这不是魔法，是科学 133
第七章　无所不在的对话 151

注释 173
致谢 193
大卫·L.库珀里德欣赏式探询中心 201
作者简介 205

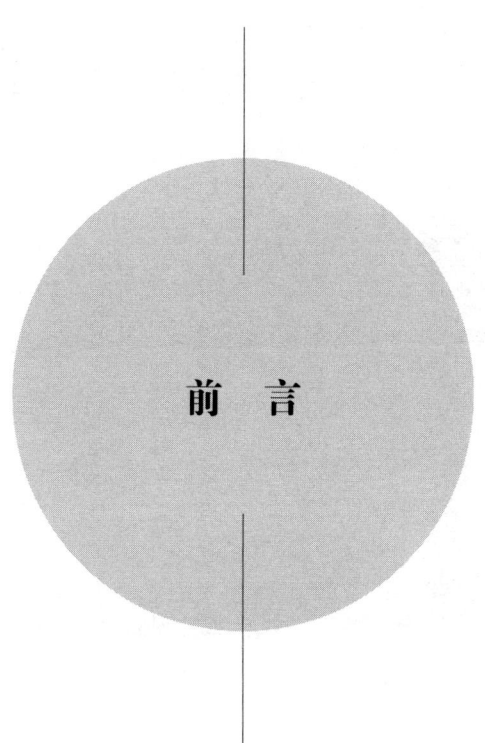

前 言

有时,一次对话就像是最了不起的探险。

——阿马迪厄斯·沃尔夫

对话是我们互动的核心方式。我们几乎始终处于内心对话或外部互动的过程中。但有多少对话是值得进行的？我们曾经听无数人诉说过他们渴望自己的生活、身处其中的社区和组织以及世界实现正向变革。他们厌倦了毫无意义的、负面消极的互动和对话，那些互动和对话会让所有人心情沮丧、精疲力尽——然后无事发生；他们厌倦了把时间浪费在只关注问题、却无法形成任何可实施方案的对话上；他们对于遍及国内和全球的破坏性对话感到沮丧不已，那些对话只会导致人际关系紧张，人们互相敌视、感到恐惧和绝望；他们渴望发挥有意义的作用，从而彼此建立连接、取得明显成效、实现正向变革。

本书的内容正是关于这种有意义的对话的，它告诉我们如何进行富有成效的对话，同时又能巩固人际关系，为所有人创造出可能。对话值得人们为之投入精力。对话能够提升效率，促进人们发挥有意义的作用，带来充满创造力的可能。对话之所以重要，是因为它有助于激发为个人、组织和社区带来正向影响的合作行动。我们相信，以这种对话为起点有助于逐渐发挥我们的潜力。

本书的两名作者都是最广泛地应用欣赏式探询的长期实践者。欣赏式探询是促进个人、团体和组织实现正向变革的方法之一。我们的欣赏式探询之旅始于20世纪90年代，当时我们认识了欣赏式探询的共同创始人之一大卫·库珀里德。欣赏式探询的核心在于发现个人、组织和社区的长处。通过对话和共同建构意义，欣赏式探询基于我们每时每刻产生的想法，最终影响我们的社会制度。欣赏式探询为我们的工作带来启发，也是《对话中的欣赏式探询》一书的基础。在本书中，你会学到两种简单的欣赏式探询实践以及五条有效的原则，学会后几乎可以使任何一次对话成为值得进行的对话。我们会告诉你怎样避免出现负面情绪，怎样架构对话会使你的对话对象希望发挥作用、采取行动。我们会指导你怎样

前言

提出问题可以改变任何对话的方向，促进连接、新知识和创新的形成。我们在本书中给出的原则会影响你看待自己的体验和挑战的方式，帮助你以更有建设性、更有成效的方式进行思考。

书中每一章都围绕着现实生活中我们自己和客户的人际关系展开，证明了我们应用的实践和原则能够改变对话及其最终结果。这些故事主要涉及欣赏式探询在商界的应用，也涉及教育领域、社区变革和家庭关系。我们也与读者分享了这本书背后完全以实证为基础的研究成果。从我们的角度来看，生活中最令人激动的事情之一就是，仅仅一次对话的力量就能带来显著的正向影响。我们邀请你加入，通过值得进行的对话在你的生活和工作中创造出正向变革。

我们尤其感谢能与贝雷特—科勒出版社（Berrett-Koehler）合作，这家出版社的使命在于把不同的人与想法连接起来，创造出一个有益于所有人的世界。我们希望我们对于这项重要工作的贡献有助于促进整个世界发生正向变革。我们邀请你一起成为倡导者，推动人们通过对话建立一个有益于所有人的世界。或许，你也能与我们分享你自己的一些故事，对此我们将不胜感激。

杰奎琳（杰姬）·斯塔夫罗斯（jackie@conversation-sworthhaving.today），密歇根州布莱顿

切丽·托雷斯（cheri@conversationsworthhaving.today），北卡罗来纳州阿什维尔

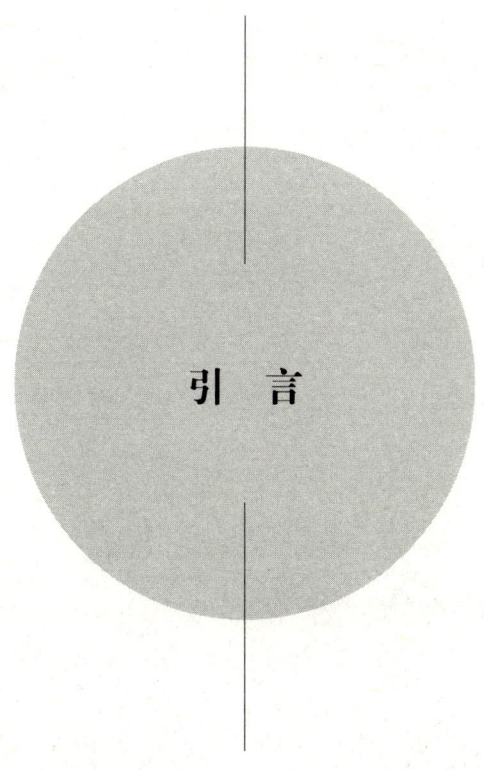

引 言

我们生活在我们的对话创造出的世界中。

——大卫·L.库珀里德

"一个简单的事实令我感到震惊,那就是如果我能在每次对话中与人分享我遇到的惊喜,如果我们能敞开心扉,提出更深入、更有效的问题,一起合作发现新事物,我作为一名领导者的影响力,甚至我的一整天,都会变得更棒……"

"有价值的生活……必须由肯定构成。"

这些话语出自我与合作过的最杰出的首席执行官之一之口,他可以说是当代最出色、最有想法的企业领导者之一。美国知名商业杂志《快公司》(Fast Company)在一个经典封面故事中称他为亿万富翁。那篇文章主要描述了迪伊·霍克(Dee Hock)的领导理论以及他创立维萨(Visa)信用卡的过程,而他所领导的组织是过去半个世纪中最大、最具创新性、最成功的组织之一。如今,维萨市值约为4000亿美元,年度财务交易额接近10万亿美元。迪伊担任首席执行官期间,公司的利润增加了10000%，但更重要的是组织本身的概念被彻底改变了。从很多方面来说，它是我们一直寻找而如今终于出现的更完整的人类组织的一个早期原型（还不是最终模型）。迪伊的职业生涯中，一个最吸引人的地方在于他愿意相信别人。他是这样表述的："事实上，只要提供适当的环境，只要拥有梦想、决心和尝试的自由，即使非常普通的人往往也会取得非凡的成就。"[1]

我曾有幸与迪伊共事超过5年时间。我们融合了欣赏式探询的正向力量与他对于更完整的人类组织所定义的概念——一个协作性的内在激励系统，它能够解放人类精神，不会再出现令人厌烦的官僚主义指挥控制方式。与迪伊合作多年之后，我开始寻找他成功的核心。是的，他充满勇气。确实，他不知疲倦。没错，他是个很棒的学习者。例如，我去他家里拜访时，他刚把餐厅变成了一个巨大的图书馆，图书涉及复杂性科学的各个领域，从生命系统的新生物学到人文学科，包括艺术、历史和文学的很多经典作品。那个"餐厅"图书馆里有超过8000本书，每一本上都有他标记的下划线、感叹号和页边批注。当然，求知若渴是他标志性的优点。没错，他作为一名老练的首席执行官，在全球金融、商业谈判以及数字技术的未来等方面才华横溢。但我仍然未能完全揭开他的秘密。那个特殊的与常人不同的区别，那个"更进一步的东西"究竟是什么，使一切都变得不一样，使迪伊如此出众？

直到我翻开杰奎琳·斯塔夫罗斯和切丽·托雷斯撰写的这本独特而优美的著作，我才终于明白那位首席执行官出类拔萃的职业生涯和成功的秘诀。迪伊·霍克拥有一种天赋，他拥有杰斐逊派的"我们人民"的民主信念以及"组织作为社区存在"的理念。对此我会这样概括：

我们的组织生活以及其他人的生活是欣欣向荣还是陷入挣扎，靠的是每一次对话。

对迪伊来说，领导中成功与失败的区别完全取决于"值得进行的对话"的技巧，也即本书中以清晰实用的方式描述的对话类型。彼得·圣吉（Peter Senge）曾谈及维萨是怎样通过数千次对话和几十项准则共同构思和创造出来的。他说这家公司创业初期"也许是在组织中实现变革的最佳商业范例"[2]。

作为首席执行官，迪伊·霍克本能地了解所有关于管理的抽象概念——企业文化、战略规划、组织协调、变革管理、品牌塑造、合资经营、赢得客户、推动创新、招募顶尖人才、营造有期望还是恐慌的氛围、优化连接、追求卓越，而这些都是通过每一次对话来实现的，包括与全体团队成员和个别成员之间的对话以及大大小小的系统会议上的对

从一次对话开始改变。

话。迪伊认为"大量相互依存的多样性具有更深层次的意义"。回顾我们一起合作的那几年，我最突出的印象是迪伊在全盛时期是一位多么了不起的关键对话大师——我曾参与其中一些最棒的对话。那几年里，有很多都属于决定性的时刻。这段经历使我相信：

每一个组织和每一个个体的命运都是一系列的决定性时刻——塑造我们，改变我们，对我们的发展和战略选择产生巨大影响的时刻。我们的研究表明，几乎所有

这些时刻都涉及与重要人物用心进行关键对话的能力。

与迪伊进行了无数次虚拟电话会议和视频会议之后（这并不是他最喜欢的交谈方式），我记得当时的自己心想："我从未见过一位首席执行官在每一次对话中都投入这么多时间和正向能量，如此专心致志、充满好奇心，敢于跨越边界探询；让每个人都像参加身体接触的运动项目一样全情投入；欢迎大家充分发声；用真正的倾听来塑造初学者的思维。每一个人都会感觉到自己得到了欣赏、尊重、鼓舞，相信对方倾听了自己的想法。"

一个实例源于维萨创业初期的经验教训，那时我们与一个组织合作，帮助组织成员阐明信念体系，那些类似于宪法的指导原则将在未来几年中体现组织的核心价值观。我的任务是应用欣赏式探询的思维方式，重视所有的声音，鼓励生成性理论和可能性思维，让我们的世界迎接新的可能，挑战围绕现状的假设，启发人们寻找新的可能以实现更美好的生活。[3]

在迪伊提倡的对话过程中，所有受影响的利益相关者构成的各种群体应在一整年中每45天抽出整整3天时间会面商讨。这样的安排为关键对话留出了足够的时间，从而让参与者能抓住事物真正重要的本质。回顾起来，在这样一个人际关系往往浮于表面的世界里，这样的对话过程令人惊讶。组织业绩依靠这些带来启发的对话成倍增长，再次成倍增长，然后继续呈指数增长。由于对话的力量如此重要，这个组织的指导原则非常深入人心、值得重视，从而让维萨有了勇气为整个全球体系（在大约150个国家中有850个中心）设计一个总结性的最终原则。这项原则称："这个全球体系中的任何个人或组织可以在任何尺度上以任何方式做自己想做的任何事情——只要有助于我们共同目标的实现，符合我们的原则。"

这是一项激进的原则，它要求所有人都成为领导者——通过每一次对话树立这种文化。事实上，这项原则告诉所有组织成员，他们几乎不需要传统的监督，不再需要昂贵的大型中央办公室及领导层，以及厚厚的标准操作程序手册。这个组织意识到鼓舞人心的信念所产生的内在动机要比外在力量强大得多。我们从这项原则中学到的经验教训现在非常切题：

在你面临每一次关键对话时，把它视为你迄今为止最重要的一次对话，这样就可以创造出正向资产。想象我们的每一次对话，我们有多少次会这样小心谨慎，同时抱有高度期待？

最初，想到要在12个月中每45天花费整整3天时间商讨，每个人都感到十分惊讶。如今回顾过去，我意识到重要的不是天数，而是迪伊带着严厉的爱传达的信息。关于我们怎样构想领导工作和对话，他为我们树立了更高的标准。在他分享维萨创业故事的书籍中，对话这个词的出现频率比战略规划这个词多10倍。对话是一次心灵与思想的交流。我相信：心灵与思想进行交流时，它们不仅仅是交换事实，创造出希望或绝望的气氛；它们会对事实进行改造、重塑，从中汲取不同的意义，对可能性进行新的探索。这样的对话其实是一种有生命的系统，存在于混乱和有序的交界处——就像所有的生命一样，在它最活跃时到处都充斥着模式和条理，但也有新鲜感和存在感。

想象一次值得进行的对话，你会想到发挥作用、交织、共同创造、启发、尊重、点亮、显现、提升人际关系、信任、同理心以及展现出最佳成果：思想资产。

我们生活在我们的对话创造的世界中。

此外，领导力就像一幅由成功和失败的对话构成的挂毯，编织挂毯的细线包括我们的文化、人际关系、预算调整、客户、创新轨迹以及研究道德环境的最佳场合，从而令人们能够茁壮成长，实现个人和集体的卓越。

在这幅挂毯的反面，我们也会体验到有些对话——破坏性的对话，会带来无法弥补的伤害。人们想到某些婚姻关系与合伙关系，会希望历史可以重来，避开那次导致关系破裂的激烈对话。想象一下另一种消耗生命能量的对话形式：老板每次开会都把这个世界或这个组织视为"待解决的问题"；每一项议程都与企业遇到的威胁、失败、对于失策的愤怒有关；结束后会留下一种消耗生命能量的氛围，一种有毒的、结合了挫败感与距离感的可怕氛围。而且，所有这一切都生死攸关，每一次对话都是给未来留下的一部分资产。回忆一下你自己的学校教育，你是否上过关于对话的课程？不是那种普通的对话，而是赋予生命能量的对话，那是有助于让你的世界迎接新的可能、实现卓越、建立相互尊重和正向力量的纽带。这种对话产生的不是"控制的力量",而是"行动的力量"。

这本书代表欣赏式探询和彼得·德鲁克(Peter Drucker)的理论(包括基于长处的管理、正向心理学和设计思维)互相结合的领域中的一项突破。你一直期待却从未想过只靠一本书就能学到的课程,现在就捧在你手中。当然,《对话中的欣赏式探询》可以改变你的职业生涯。但也许更重要的是,这本书可以创造出促进成长的宝贵时刻,改善你和重要人物、家庭成员、合作伙伴以及社区之间的关系。

为什么我如此激动?毕竟现如今已经有不少著作描述了充满勇气的对话以及对立性会面、冲突的解决方案,甚至应对"可怕的对话"的方法。虽然也有其他书籍介绍我们该怎样成功或失败地进行每一次对话,但我相信,针对应用欣赏式探询在正向领导方面的深远影响来创造资产的对话,本书是市面上的第一本著作。[4] 想象一下应用设计思维中启发创新的工具、彼得·德鲁克基于长处的领导哲学、正向心理学的知识以及欣赏式探询的生成性力量,充分发挥个人和组织的长处,然后在每一次值得进行的对话中，使所有这一切成为嵌入组织内部的、可访问的操作系统甚至 DNA。

《对话中的欣赏式探询》的核心理念在于，每一次对话都可以从正向框架开始，并以更正向的方式结束。在遵循这一基本理念的前提下，作者带我们了解了欣赏式探询的各项原则，如今这些原则被应用于各种组织中，包括苹果公司、强生、美国海军、可口可乐、威瑞森（Verizon）、维他密斯（Vitamix）、绿山咖啡（Green Mountain Coffee Roasters），甚至联合国。

不要使用"这个世界是一个有待解决的问题"这种说法。这几乎会自动触发缺陷分析，让我们开始寻找故障、差距以及失败的根源，使我们把大部分注意力放在昨天。我们可以从一种与此相反的假设出发——组织是有生命的系统，将自己嵌入"长处宇宙"。本书作者发现，最重要的对话以角度更广、值得重视的方式开始——探索可感知的世界，这个世界超出了我们平时的欣赏能力。其初始假设是这样的：

我们不仅仅生活在一个由长处和人类无限的想象力

构成的宇宙中,我们也是周围每一种变革状况中的一部分。无论系统内部还是系统外部,都存在长处组合与创新潜力,包括观念转变,这比我们面对的任何组织的挑战和机遇更美妙。

复杂性科学描述了"对初始条件的敏感性依赖"的概念,指出它会使山上小小的雪球造成雪崩。我们在对话中见过很多同样的动态变化,从最初架构的决定性时刻开始。渺小的开端可能产生巨大的结果,尤其是在人类系统中,系统中的人提出的最为常见、真实、系统性、创造性和严格的问题往往就与这些结果密切相关。

所以,《对话中的欣赏式探询》不会对任何事情视而不见。相反,它是非常艺术、非常细腻的,它让人们不仅仅看到眼前的问题,而且引入不同类型的探询或探究,创造出一种更有自主权的环境,具有极高的密度和预期——这是塑造未来的力量。作者在第一章中分享的前两个故事涉及一家大型教学医院和一家失败的银行,你从中将会看到完全不同的探询。

这本书建立在作者坚定的乐观主义基础上,但绝不是盲目乐观。事实上，在这本书中，作者会带我们直面任何管理者、家庭、企业、政府或社区可能会面临的最大的困难。本书为希望了解科学原理的人提供适量的理论，但主要内容涉及读者可以自行应用的实践，而且文笔生动、引人入胜。书中讲述的故事发自内心、诚挚真实。在作者讲述自己和别人的转变时，你也会不由自主地反思自己的生活。

如果你不想阅读其他内容，至少翻到这本书结尾处，看看其中一位作者的女儿扣人心弦的叙述。这是一对母女的真实故事，那是面对一位最终被残忍地诊断为四期淋巴瘤的年轻父亲时她们所给出的回应。这个令我感动落泪的故事是由 13 岁的艾丽写下的。勇敢的艾丽告诉我们，《对话中的欣赏式探询》也是一本关于爱与被爱的书。归根结底：

你认识到，在任何时间、任何地点、任何情况下，无论人们告诉你什么，对话非常重要，词语、生成性问题、爱的认知力量可以改变生活、人际关系和组织——从新的视角看待这份礼物吧。

引言

关于对话领导力这个主题，如果你只能选择一本具有启发性、提供丰富资源的书籍，你认为会是哪一本？对我来说，答案就在你手中。杰奎琳·斯塔夫罗斯和切丽·托雷斯以及艾丽和她的父亲保罗把这份礼物带给了我们。在商业领域，这本书有助于巩固人际关系，因为关系就等于对话。在家庭和学校里，这本书将帮助你发现并激励孩子和年轻人的长处——因为这同样属于人际关系。对话生态学十分重要，对话会带来决定命运的时刻。当你透过自身对话历史的滤镜阅读这本书时，你和很多人的经历都会与之产生共鸣：如果我们能用欣赏的眼光看待他人，人际关系就会萌发生机。如果我们能看到彼此的真实、美好、长处和可能性，以及我们的长处宇宙，我们就可以应用这种专注的能力来促进对话，让我们的世界迎接新的可能，提升集体才华和目标，相互尊重，迸发正向力量——那不是"控制的力量"而是"行动的力量"。

最后，杰奎琳和切丽赐予我们一份希望的礼物。《对话中的欣赏式探询》令我们实现最好的成长，同时在这个成长的过程中也为世界做出最大的贡献。在这个世界中，有很多对话在我们与自己的巨大潜力之间制造了鸿沟，希望这本书不仅能改变我们的世界，也能改变对话的世界。

大卫·L.库珀里德

凯斯西储大学特聘教授

斯蒂勒商学院查普林学院大卫·L.库珀里德欣赏式探询

研究中心名誉主席

第一章
切换对话

一次出色的对话可以彻底转换变革方向。

——琳达·兰伯特

艾莉莎·帕特尔在美国新英格兰地区一家业务蒸蒸日上的医疗中心担任高级管理人员，她对桌上这份不尽如人意的患者满意度报告感到惊讶。当她看到这份报告具体来自哪家医院时，她的惊讶变成了理解。那家医院的院长最近刚刚辞职，因为她对新的领导模式感到失望，并且拒绝做出改变。艾莉莎在雇用新的院长之前暂时代管这家医院。

她把患者满意度报告的副本发送给医院的护士长们，同时在邮件中告诉她们下一次管理层会议安排在一周后："请注意。我想要了解工作人员对于患者满意度的报告做出了怎样的贡献。我已经准备好与大家分享你们在这一周中看到的最佳实践。"

护士长们收到这封邮件后都感到十分困惑，甚至有人回信问艾莉莎是否搞错了。"没错，"她回答说，"请找一找做得好的地方,下周请你们带来最好的故事。"相对于护士长们熟悉的老做法,这是个巨大的改变,令她们议论纷纷。前任院长经常训斥他们,总想搞明白是谁犯了错误,同时要求她们做得更好,诸如此类。她们很高兴看到她离职!

艾莉莎与护士长们会面时,她先感谢团队为患者提供了优质的护理和服务,然后请她们讲出那些关于最佳实践的故事。每个人都分享了一个最佳的护理实例,大家一起分析故事中的长处和

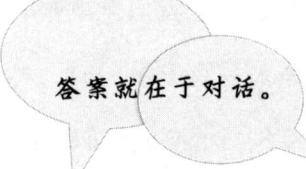

答案就在于对话。

可复制的实践。她们发现了一些独特的做法,其中大部分完全符合提升患者满意度的主题。护士们对于这些理念激动不已。"这是个好办法,可以解决我们的问题,艾莉莎,"有个人说,"我都数不清我们针对这个问题开了多少次会,结果什么都没能改变。这样做非常有效。我就知道只要跟你开一次会,情况就会好转!"会议结束后,她们决心分享和实施那些最佳理念。她们一想到未来的可能性就感到精神振奋!

工作人员离开后，艾莉莎露出自信的笑容，回忆起过去一年中发生的变化。她还记得引入新的领导模式之前，在这家医疗中心工作是什么样的。3 年后，他们服务的患者稳步增长，而这种增长对员工的表现产生了很多负面影响，这一点在季度报告中体现得很明显。患者满意度一直在下降。员工敬业度的降低表现在旷工次数上升和员工留任率降低，对于所有人来说，这些都使情况雪上加霜。除此之外，患者"流动情况"未达到最优，这意味着医疗中心缺少床位，无法为需求最迫切的患者提供服务。

所有这一切都对最终的利润和员工士气产生了负面影响。每个人都感到劳累过度、压力太大。艾莉莎知道员工们一直努力提供高质量的护理服务，但医疗中心的发展给员工带来了很大的压力，导致员工性情急躁、缺乏同情心、为患者服务的时间有限，使员工和管理层之间关系紧张。

艾莉莎并非一直都是这种肯定式的领导者。她对服务质量负责，依靠员工绩效的季度报告了解情况。员工绩效数据上升时，她用不着担心；这让她有机会重点关注其他方面的职责。她会把报告发送给护士长们，但她以前从来不会费心感谢她们。她认为获得好评报告是理所当然的。员工绩效数据开始下降时，那就完全是另一回事了。她全神贯注地研究这些报告。她面对面与护士长们交谈，语气尖锐："这些报告无法令人满意。每季度要么保持原样，要么更糟。显然你们没有做出任何改进！"

护士长们会为这种情况辩解。她们会说："我们已经做出了改变，但我们缺少工作人员，员工们不肯来上班，这样我们什么也做不了。有些员工为了顶上别人的岗位已经开始两班倒工作！""我不想听借口，我只要结果。"她严厉地说。"我们已经尽了最大的努力。"一名护士长顶了回去。"好吧，你们必须表现得更好！"艾莉莎结束了对话。

护士长们离开时总是士气低落，对于怎样解决这个问题毫无头绪。在那段时间里，艾莉莎的压力越来越大，不满情绪越来越强，面对同事时几乎无法隐藏挫败感。压力也开始影响她的家庭和业余生活。她变得脾气暴躁、消极，经常挑剔她的孩子和丈夫。她作为管理者、配偶和母亲的口碑急转直下，她变成了自己完全不想成为的那种人。她意识到，如果想要改变这一切，她必须做点什么。于是她开始在网上搜索。一个即将开办的研讨会引起了她的兴趣，内容与欣赏式探询相关，针对任何层面（个人、组织和社区）基于长处的变革提供工具和策略。[1]一个标题引起了她的注意：

全球最好的医院：

一起挖掘员工长处

成就员工卓越绩效

她继续读下去："如果我们的行动做不到灵活、高速、团结，就会错过机会、造成亏损。"这些话仿佛是写给她的。她知道，在医院里，灵活和高速是个生死攸关的问题，而亏损会导致财务决策对服务质量产生负面影响。最终说服她参加这个研讨会的是大卫·库珀里德的一句话："我们的最佳变革发生在我们最强大、最正向的时候，而不是在我们感觉最弱小、最负面、最无助的时候。"[2]她意识到自己变得负面了，把注意力集中在了每个人的弱点上，包括她自己的弱点。现在所有人都觉得无力扭转局面。于是她点击了研讨会的注册按钮。

在网上培训过程中,她了解到欣赏式探询的实践方法和原理。到了那一周中间几天,她意识到其实她自己也对医疗中心的问题产生了负面影响。她寸步不让地与员工们争执,没有提出任何问题,也没有帮忙寻找解决方案。她发誓等她回去工作时,她要成为解决问题的一员。

她所做的第一件事就是为下一次对话建立正向框架:越来越多的患者对我们的服务感到非常满意。然后她采取了一种好奇的态度,她想知道是否有患者对服务感到非常满意。如果有的话,为什么?他们会讲述怎样的故事?为他们服务的工作人员做的什么事情发挥了作用?当她在下一次员工会议上提出了这些问题后,她注意到对话发生了明显变化,产生了更正向的结果。这种做法如此简单有效,令艾莉莎对它肃然起敬。证据就在报告中:下一季度的服务质量有所提升!

一年后,在她的建议下,高级领导层、管理层、很多护理人员以及一小部分医生组织了一系列欣赏式探询研讨会,他们仅仅通过改变对话就能扭转风气。艾莉莎思考自己最近和员工的对话,发现他们秉持欣赏的态度,以探询为基础,关注他们做得好的方面以及对所有人来说都很重要的事情:用心进行最佳护理、患者的康复以及一个所有人都能茁壮成长的地方。

她也意识到自己关注的焦点发生了变化。她不再把员工本身视为问题,而是把他们的行为视为一些可能性。她和他们之间的对话与一年前大相径庭。这些对话属于值得进行的对话,取得的成果令整个医疗中心发生了正向变革。

例如,急诊室工作人员邀请门诊和紧急护理中心的医护们一起进行富有成效的对话,重点关注怎样让人们仅在需要时使用急诊服务。他们在地图上标出整个城市中提供门诊护理服务的机构的专长。他们提出各种问题来启发可能性和新的思考方式,考虑怎样一起合作帮助潜在患者选择合适的护理地点。这些问题包括:怎样才能让每一位市民了解在工作时间和下班后去哪里可获得快捷可靠的护理服务?我们怎样确保交通系统可以把患者转移到他们需要去的地方?最终成果是一个名为"适当护理、适当地点"的计划,该计划可帮助患者实时了解有医疗需求时去哪里、怎么去。工作人员们一起开发出一个系统，在适当的地点提供适当的医疗服务。这意味着急诊室团队可以为真正需要急救的患者服务，也意味着减轻了急诊室的混乱和拥挤。

艾莉莎和大部分工作人员发现，基于欣赏式探询的对话会促进人们发挥有成效、有意义的作用。这些对话会产生杰出的成果。医疗中心的大部分工作人员已经形成了一种齐心协力、彼此承诺的默契，因为他们会有意识地进行这种类型的对话。他们会习惯性地思考改进护理的创新方式，始终把患者以及彼此放在他们所做的一切事情的中心位置。结果是显而易见的：工作环境发生了明显变化。这种正向氛围使医疗中心变成了员工们乐于工作的地方，员工留任率上升，旷工率下降。即使在患者数量很多的时候，员工们也得到了患者很高的评价，这反映了员工们有着出色的表现和追求卓越的态度。

对艾莉莎来说，这些正向变革就像她之前的沮丧一样，也影响了她的家庭和个人生活。艾莉莎发现自己在家里发起了更多基于欣赏式探询的对话，她的伴侣和孩子对此感到很开心。她发现就像在医疗中心一样，欣赏式探询完全适用于家庭和社区服务工作。

第一章 切换对话

理解怎样通过欣赏和探询改善人际关系以及提升工作效率和表现,这是艾莉莎的整个团队学到的一课。我们的下一个故事是关于一家陷入困境的银行的,你会看到卡迈尔·阿玛里和玛丽·韦林顿在领导工作中充分理解并实践了欣赏式探询。卡迈尔和玛丽曾多次接管破产的银行,并使之扭亏为盈。他们取得成功的部分原因在于,他们能够进行基于欣赏式探询的对话。即使接管社区一号银行的过程未能完全按照他们的期待发展,这些出色的对话仍然对那家银行的员工和客户产生了很大影响。

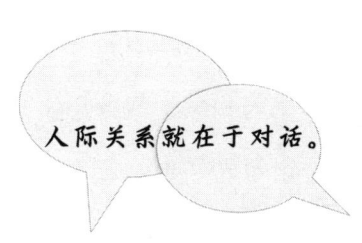
人际关系就在于对话。

社区一号银行愿意接纳第一次开立支票账户的小企业主、首次购房者和青少年。社区一号银行位于底特律郊区,其目标从来不仅仅是赚钱。作为最早的银行所有者,其目标是在舒适的环境中为其邻居和朋友提供优质服务。早期,这家银行曾经干得很棒,但时代已经变了,这家银行已在财务困境中挣扎了一段时间。一天早上,银行所有者召集员工,告诉他们,银行已经被卖掉了。

这个消息使员工们大为震惊，因为此前他们对于银行的财务问题一无所知。银行所有权发生变化时，伊丽莎白·兰德尔已经在这家银行工作了38年。她与她的客户保持着长久的关系，而不仅仅是存款和取款往来。对伊丽莎白来说，她的客户就像家人一样。她对这个消息的回应是尖锐地宣称："我不会为那些大银行工作。它们根本不关心员工或客户。它们只关心利润！"

银行转手时，以前的所有者们介绍，卡迈尔和玛丽是经验丰富的银行家，曾经多次帮助陷入困境的银行扭亏为盈。"我无法向你们这些员工保证情况会一帆风顺，"卡迈尔告诉全体员工，"但我可以告诉你们，如果我们作为一个团队一起努力，我们可以拯救社区一号银行，并将这家银行多年以来建立的传统延续下去。我希望与你们坦诚相待。"卡迈尔继续说："鉴于银行的财务问题，我们将研究一下人员配备、加班时间以及经营方针和程序。为了让银行生存下去，我们需要根据预算削减成本、实现收入目标，只有这样我们才有经济能力关照你们以及我们的客户。这意味着每个人都必须少花钱多办事。"

"我就知道，"伊丽莎白想，"他们要摧毁我们在这里努力创造的一切。"卡迈尔和玛丽单独会见每一位员工。轮到伊丽莎白时,她做好了最糟的打算。但这次会面与她想象中的完全不同。没有紧闭的门,没有员工被解雇。这次会面的开头令伊丽莎白感到猝不及防。

"非常感谢你来跟我们对话,伊丽莎白。"玛丽跟她打招呼,"我和卡迈尔很高兴见到你。我们知道你在这家银行工作的历史最长,没有人比你更了解这个地方。我们希望你能与我们分享你的最佳体验,社区一号银行如此出色靠的是什么?我们也想知道:是什么赋予了这家银行和社区生命?"

卡迈尔和玛丽看见伊丽莎白呆若木鸡的表情后露出安抚的微笑。伊丽莎白结结巴巴地说:"你想知道这家银行如此出色靠的是什么?但我以为我们正在亏损!"

"这家银行正在亏损没错,"卡迈尔说,"我们确实需要做出变革,但我们不想改变客户喜欢这家银行的地方。我们想知道你和其他团队成员之前是怎么做的,可以让这个社区成为银行的忠诚客户。我们需要你的经验和知识。伊丽莎白,我们希望你能跟我们合作,让这家银行扭亏为盈。"

"当然。"伊丽莎白表示同意。她对对话的主题感到惊讶。接下来的一个小时,卡迈尔和玛丽向伊丽莎白抛出一大堆问题:"你最喜欢你工作中的哪一点?你希望银行怎样为客户提供最佳服务?"伊丽莎白发现自己被这些陌生人的磁场能量所吸引。她给他们讲了这些年来发生的有趣的故事,他们都被逗笑了。在他们的正向问题和这些故事的间隙中,伊丽莎白开始记起她为什么热爱这份工作。伊丽莎白也发现自己希望与卡迈尔和玛丽合作,尽她所能帮助这家银行取得成功。

在接下来的18个月里,新的管理层与员工们一起工作,确保所有人都了解银行的财务状况以及他们做出的改变会怎样影响银行的生存能力。当然,并非所有的互动都毫无问题,也出现了一些艰难的对话。有一次,卡迈尔请伊丽莎白和另一位客户经理拉姆到他的办公室来。

"伊丽莎白和拉姆,"他开口说道,"请进,坐吧。有几个问题需要我们一起处理。你们也知道,我们上个月一直在研究时间管理和新账户。伊丽莎白,你开设新账户花费的时间还是太长,而拉姆,你没开多少账户。"伊丽莎白和拉姆都感到一阵尴尬,但这种感觉很快就消失了，因为卡迈尔没有责备他们，而是继续往下说。他没有把注意力放在他们做错了什么上，而是承认他们的长处，让他们一起合作。"伊丽莎白，你每月开设的账户最多。拉姆，你开户比任何人都快。你们是否愿意一起合作，结合你们两人的专长为银行设计一个快速有效的开户流程？"

这促使拉姆和伊丽莎白之间进行了一次出色的对话。他们集中两个人的长处和知识，制订开设账户的可复制流程。伊丽莎白学到了一些实用的计算机快捷方式，拉姆学到了怎样吸引客户，同时请客户详细了解可从中受益的银行账户。当他们把这个流程介绍给卡迈尔时，他们的设计给他留下了深刻的印象。他请他们为其他员工介绍这个流程，一起使用新流程加快工作速度。

卡迈尔的领导风格把问题转变成了机会，为银行里的所有人提供了改进的机会，为较高层员工提供了加强领导能力的机会。伊丽莎白认识到，卡迈尔和玛丽是真正把员工和银行双方的最高利益放在了心上。他们欣赏、开放、协作的管理风格把伊丽莎白从怀疑论者变成了啦啦队队长。

现在，这家银行一切进展顺利。虽然银行并未完全摆脱亏损，但他们越来越接近这个目标。随后，2008年的经济大衰退来袭。让情况变得更糟的是，底特律市及其周边社区受到汽车行业引发的问题的严重打击，而这是当地经济的命脉。这场风暴对银行产生负面影响，银行几乎一夜之间从"正走在复苏的道路上"变成了"从经济角度来看不可行"。

卡迈尔和玛丽召集团队，宣布永久性关闭这家银行。伊丽莎白和她的同事都很失望，但并不感到吃惊，因为他们了解这场经济危机。虽然银行倒闭了，但卡迈尔和玛丽创造了近乎奇迹的结果：全体员工没有因为银行倒闭产生激烈反应，而是团结起来集中力量，在关闭银行的同时快速高效地处理客户问题。本来可能很糟糕的情况最终取得了成功。每一位顾客都得到了对他们最有利的建议，每个账户都被重新安排到其他银行，每个想找工作的员工都得到了帮助和培训，确保有机会找到另一份工作，即使是在竞争对手银行。

这两个故事说明了欣赏式探询的力量，显示了欣赏式探询可以帮助团队和组织变得更优秀。欣赏式探询对

第一章 切换对话

话是值得进行的,因为它会使人们焕发活力、巩固人际关系、发挥创造力、推动组织快速发展。这种对话可以把一个陷入绝望的工作场所转变为一个幸福和创新的地方。即使面对无法预料的不幸,这种对话也能开辟出通往可能性和创新的道路。像艾莉莎、卡迈尔和玛丽这样的领导者善于促进这种类型的对话。他们知道怎样促使员工发挥最佳水平,激励员工更敬业和做出承诺以及应用两种简单的欣赏式实践激发创造力和创新。

根据我们25年来应用欣赏式探询为客户进行指导合作的经验,我们亲身体验到正向架构一个情境并提出生成性问题的力量。欣赏式探询让人们可以应用对话促进人们发挥有成效、有意义的作用。本书中提供的资料反映了我们与家庭、组织、客户和社区一起应用欣赏式探询的研究和实践。虽然有些人名和组织使用了化名,但本书中的故事都是基于真人真事。他们的亲身经历所提供的信息可以帮助你应用两种简单的实践处理最具挑战性的情况。本书中提供的观点和工具也会帮助你推动值得进行的对话。

如果你认为"成功并非来自戴上玫瑰色的眼镜进行

愉快的交谈"，我们对此表示认同。但我们向你保证，无论你在工作、家庭或社区中面临的挑战或问题多么复杂，你都可以围绕这些事情进行出色的对话。请继续读下去，了解怎样做到这一点。你会学到两种欣赏式探询实践，可以把任何对话转变为值得进行的对话，然后你将研究五项欣赏式探询原则，以指导实践成功。你也会学到怎样在组织的层次发起欣赏式探询对话，发展出培养高水平团队所需的连接和人际关系。你会逐渐理解这些实践背后的科学，认识到为什么保持正向探询的态度并且不断追求贡献价值是最有效的做法，可以帮助你巩固与家人、朋友和同事之间的人际关系，并且让生活越来越接近你理想中的样子。在下一章中，我们从这一概念开始：对话是我们一起做、一切创造的所有事情的基础。我们对话的性质决定了我们的幸福和我们茁壮成长的能力。

第二章
你在进行什么样的对话

提问的时机也是选择的时机,这会对有效行动和正向变革起到最强的杠杆作用。

——玛丽莉·戈德伯格

对话始终存在于我们的生活中，包括我们的内心对话以及我们与他人之间的互动。我们都知道这些对话会对我们产生影响，但我们也许并没有意识到这对我们的幸福和我们茁壮成长的能力有多大影响。你对此是否不太确定？你是否曾经心情良好，度过了美妙的一天，但与别人之间一次短短的互动就让所有事情变得一团糟，或者你今天本来过得很糟糕，而仅仅一次对话就突然令你多云转晴？《四次对话》(*The Four Conversations*)的作者杰夫·福特和劳里·福特在他们的书中写道："你和周围人进行的对话的类型，对于你的体验、人际关系和成就有着深远的影响。"[1]

对话几乎就像呼吸一样。很多时候，我们并没有意识到对话的性质及其对我们在人际关系和世界中的体验有何影响。我们往往会在一次重要的体验后，才会退后一步反思那些对话的性质。回忆一下伊丽莎白对银行的热情和贡献，她感觉买下银行的人会毁掉它。她对于第一次会面时的对话做过很多假设。当她发现实际发生的事情与她的假设完全相反时，她感到十分惊讶。

对话的性质比我们了解的更重要。我们一位同事的女儿李明上大学后告诉她妈妈，她小时候很喜欢和妈妈对话。"我感觉与你建立了连接。你赋予我思考和贡献的能力，那些时刻总是刺激我产生新的想法，"她说，"那些时刻也让我们两个人对未来充满希望、感到兴奋。我还记得一大早在上学之前进行的关于创新和可再生能源的对话。未来的可能性为我带来了很大激励！也许有一天我会为那些变革做出贡献。"现在，李明已经长成一名青年，开始与她的朋友和教授进行这类对话，并且获得了环境工程学士学位。

那么，是什么创造出这种值得进行的对话？为了找到答案，让我们来看看一般对话的性质。对话具有两个维度：一是欣赏—贬低；二是探询—陈述，如表2.1所示。

第二章　你在进行什么样的对话

表 2.1　对话的性质

对话的性质	基于探询	基于陈述
欣赏	值得进行的对话	肯定性对话
贬低	批评性对话	破坏性对话

欣赏—贬低的维度

第一个维度描述了我们对话的性质是欣赏（增值）还是贬低（贬值）。为情景、个人或机会增值可以通过多种方式实现：分享理念、强调别人的贡献、列出重要因素、倡议可能的行动、感谢别人的付出、建议可能性、指出机会、以新的视角回答问题以及为计划做出贡献——这些都是我们通过对话增值的欣赏式做法。

这样做可以强化连接、改善人际关系、深化认识、扩展和培养人类潜能、增加新知识，或者促使我们朝期望的方向前进。[2]想一想你和别人合作为棘手的问题找到创造性解决方案时，或者你因为自己表现很棒得到公开表扬时，回忆一下这些对话为你带来了怎样的感受。像

欣赏式探询助你实现高效对话

这样的对话往往令人感到开心、充满活力。增值的做法不仅仅会令我们感受到正向情绪。这些对话会真正创造出自信和乐观的上升螺旋。³ 这些对话激励人们发挥有意义的作用，启发正向行动。

与此相反，贬低的维度会使情景、个人或机会贬值。这在对话中表现为轻视别人的想法、贬低别人的贡献、鼓吹自己的理念却不愿倾听别人的意见、不断指出事情发展不如意的原因、只关注单一的焦点、主导互动却不给别人讲话的空间、打断或阻止别人说话以及抱怨。贬低的做法实际上会削弱连接、导致人际关系紧张、强化先入为主的想法、压抑人类潜能、限制可能性以及妨碍我们朝期望的方向发展。回忆一下你和自己关心的人发生争执时或者受到批评时，你是否说了一些原本没想说的话，事后又感到后悔？那些对话令你有何感受？

贬低式对话经常被描述为消耗性的对话，会导致人们活力不足、感情疏远和精疲力竭。正向心理学领域的研究发现，把注意力集中在错误或负面的方面，努力修正，其实反而会使我们的思维范围变窄，限制了创造力、批判性思维、寻找解决办法所需的技巧和思维能力。[4]贬低式对话会扼杀创造力，导致工作效率和敬业度降低。

基于探询和基于陈述的维度

在第二个维度中，对话要么是基于探询的，要么是基于陈述的：我们要么提出问题，要么发表意见。基于探询的问题旨在获得信息；揭示隐藏的假设、观点或知识；增进了解；为可能性或机会的出现腾出空间；加深理解；发起变革。出于好奇心和真正的兴趣提出问题，可建立人际关系、建立连接和增进了解。这样的问题本质上是增值和欣赏式的。回忆一次对话，有人提出的问题令你感觉和他们之间的连接更紧密，甚至受到启发采取行动，他们提出的是什么样的问题？

另外，有些问题是出于判断或批评的。这些问题通常是反问或轻蔑的，意在贬抑对方的价值。它们在本质上是贬低式的。回忆一下你或别人提出的问题令别人或你感觉到被剥夺了某种权力或受到批评，在那种情况下问出的是什么样的问题？

然后是基于陈述的互动，由陈述性语句构成。这些评论可以是增值的（肯定性陈述），也可以是贬值的（破坏性陈述）。如果是欣赏式陈述，人们会提到正向事物、回答问题、提出主张以及做出贡献或指出重要事实。这样的对话是有价值，能给人和事带来正向影响。本质上，贬低式的陈述通常表现为批评、责难和整体否定，播下分裂的种子，几乎不会留下学习和成长的空间。

了解这两个维度——欣赏和贬低、基于探询和基于陈述，便于我们理解对话的本质及其影响。这两个维度的存在说明对话或互动具有 4 种基本类型：

1. 通过欣赏式问题和互动增值的对话：我们称其为值得进行的对话。
2. 通过欣赏式意见和陈述增值的对话：我们称其为肯定性对话。在某种程度上它也是值得进行的对话。
3. 通过贬低式问题和防御式互动贬值的对话：我们称其为批评性对话。它在某种程度上也许是值得进行的对话。

4. 通过贬低式意见和陈述贬值的对话：我们称其为破坏性对话。这属于不值得进行的对话。

每一次对话的核心都有基调和方向：这次对话令我们有何感受？这次对话会把我们带往哪里？我们中很多人会发现自己陷入过贬低式的对话中。这些对话会使我们感到沮丧、耗尽精力。有意识地把对话转变为基于欣赏式探询的对话，可以改变我们的人际关系和工作成果。想一想你和家人、朋友、同事或上司之间进行的对话。在一次值得进行的对话之后，你有何感受？如果是批评性对话或破坏性对话呢？如果是肯定性对话呢？哪种对话对你的幸福感影响最大，或者最能帮助你自己、你的同事或你的团队前进？

当卡迈尔请伊丽莎白和拉姆到银行办公室来见他，讨论他们的表现时，他可以使用几种不同的对话方式。问题在于开户时间太长，没有开设足够多的新账户。如果他说："我们有些问题。为什么你要花这么长时间开户？为什么你开设的账户这么少？"，那么这次对话的基调和方向就会是贬低式的。相反，他只是陈述问题，然后通过提出一个生成性问题重新架构这个问题，邀请他的员工共享专业知识，共同创造一个新的银行开户流程：

伊丽莎白，你每月开设的账户最多。拉姆，你开户比任何人都快。你们是否愿意一起合作，结合你们两人的专长为银行设计一个快速有效的开户流程？

这会创造出一种欣赏式的、基于探询的基调，指明正向的方向。这样的做法有助于让伊丽莎白和拉姆产生成功的动力。因此，他们的对话是富有成效的。对话的结果可以帮助他们两个人提升工作效率，同时也支持所有客户经理工作更出色。基调和方向影响我们生活中的健康、快乐、人际关系、行动和成功。[5] 对话值得我们用心关注。让我们仔细了解以下四种对话中的每一种，以及它们是怎样出现在我们的生活中的。

值得进行的对话

保罗在 Slack（一个基于云的协作应用程序）上给他

第二章 你在进行什么样的对话

的团队成员发了一条消息:"刚刚和 @ 弗朗索瓦进行了一次很棒的对话!"弗朗索瓦回复消息:"刚刚接受 @ 保罗的邀请,在索格维特咖啡馆进行了一次令人愉快的对话。他是个有趣的家伙!我期待再次跟他聊天。"

有人问保罗:"为什么那是一次很棒的对话?"他回答说:"我们都对本地区发展数字经济感兴趣,这一点促使我们会面。我们之前不认识对方,但我们都非常乐于学习新事物。弗朗索瓦的背景很有意思。在互相提问时,我发现他对于这里的机会有着与众不同的观点。总的来说,我倾向于关注人们之间的分歧而非相似之处。弗朗索瓦在所有方面都不同意我的看法,他知道一些我不了解的事情,我喜欢这一点。我问他,他希望看到未来的研究所是什么样子的。[6]他提出了一些我从未想过的理念,这些理念促使我开始思考。当他问到我为什么提出那个问题时,我与他分享了我的梦想,那就是在整个地区倡导卫星未来活动。然后我们都跑题了,自由畅想无限可能性。这次对话真的很有价值,为我们带来了激励,积极正向,充满潜力!我还要去认识本社区另一位技术派人士!"

欣赏式探询助你实现高效对话

这会成为一次值得进行的对话,是因为对话具有欣赏的基调和正向的方向;本质上既是欣赏式的又是基于探询的。他们对彼此充满兴趣,愿意敞开心扉,这为他们每个人创造出了为这次对话增值的空间。他们针对彼此的体验和观点提出生成性问题,从而使新的想法和可能性浮出水面。对话的基调充满活力、爽朗开放。随着两个人互相了解、共同创造可能性,对话的方向呈螺旋状上升。出色的对话是生成性的,可以创造出新的意象和隐喻,会改变人们的想法。[7] 我们可以通过对话的基调和方向来识别值得进行的对话。这样的对话:

- 有意义;
- 令对话双方都活跃发言和发挥作用;
- 易于促进新信息、知识和可能性的产生;
- 注重解决方案或结果;
- 振奋人心、充满热情;
- 正向;
- 富有成效。

第二章 你在进行什么样的对话

保罗和弗朗索瓦之间基于欣赏式探询的对话建立了新的友谊,使各种不同的观点和技巧浮出水面,产生新的理念和可能性,带来前进的能量。

我们都曾参与过值得进行的对话,它们的本质在于欣赏式和基于探询的互动。这种对话的典型状态是丰富多彩、深入透彻。如果你感到自己充满热情,脑海中满是正向的情绪、意象和行动,那么你会知道自己正在进行一次出色的对话。你的思维和创造力不断扩展和增强。你的认识进一步提高,触发深入见解。在工作场所,这样的对话会提升工作效率、工作表现、敬业度和满意度,所有这些进一步支持我们追求卓越。[8] 在社区中,这使新的未来具有可能性。在家庭中,这样的对话会创造出强有力的家庭纽带,支持家庭成员茁壮成长。[9]

不幸的是,我们参与的很多日常对话并非如此,大多数媒体播放的对话也并非如此。在家庭中、工作中、社交媒体上、新闻上、电视节目中,我们经常参与或见证批评性和破坏性的对话。你可能会想:"嗯,那只是人类的天性。"但回忆一下这些对话对工作和生活会产生怎样的影响。随着时间的推移,贬低式对话会破坏我们的幸福感，摧毁我们做出贡献的潜力。这会对企业或组织的员工敬业度、团队表现、工作效率和成功产生负面影响。此外，这样的对话会破坏我们的人际关系，消耗精力，浪费时间，压抑我们勇于尝试的意愿，更不必说追求卓越了。这样的对话会影响我们的生理、心理和情绪，降低我们获得幸福的能力。

如果关注负面的信息或者持批评的态度"只是人类的天性"，有人可能会觉得我们应该顺其自然，即使明知这会令我们完全精疲力尽。另外，我们也知道人类的天性是能适应、人类的习惯是可通融的，所以最佳反应不是顺其自然，而是具有意向性。我们可以学着改变我们的对话。在深入了解如何做到这一点之前，有必要先了解一下另外三类对话的本质：批评性对话、破坏性对话、肯定性对话。

批评性对话

老板把一个团队的所有成员叫到办公室来，很明显，她很生气。斯特凡听着老板的话，低头叹了口气，肩膀无力下垂。"见鬼,是谁把这个交给执行委员会的?"她问,"你们有谁觉得这东西看起来足够专业?"她把10页长的报告扔到桌子上,厉声说道。斯特凡当初就觉得这份报告还没有准备好,但老板要求发送报告的时间不晚于昨天,斯特凡也不愿意进行一次对话,讨论推迟期限的问题。作为团队主管,斯特凡说:"我告诉过你还没有准备好,但你说先发了再说。"

"哦,所以现在成了我的错?"她叫道。

"我不是说这是你的错,我只是想告诉你,我们还没有准备好。"斯特凡说。

"那你们为什么没有准备好?是否有人没有尽职尽责?这不是你的团队第一次错过截止期限。现在副总裁紧盯着我,认为我们工作不称职。"

"说句公道话,"斯特凡为自己和团队辩解,"这是一个非常合格的团队。一般来说,我们没有时间或设备达到更快的速度,取得你想要的结果。我们受制于设备和进程。一旦设置好,我们除了等待没别的办法。"其他团队成员保持沉默,各自盯着自己的脚尖,感到不自在。老板挥了挥手把他们打发走。"回去工作,让我看看你们多久可以为我准备好一份专业的报告。这次我想在它发出去之前先看看！"

这次对话的基调和方向与之前的完全不同。老板的贬低式问题导致整个房间死气沉沉。对话就像防守和进攻、击中和射偏时飞来飞去的球。这种交互作用掩盖了有价值的信息，而这些信息原本可能形成富有成效的解决方案。这样的对话会降低团队成员的士气，在老板和员工之间再筑上另一堵墙。对话结束时，整个团队只知道他们辜负了老板的期待，却不太确定接下来应该怎样推进工作。这种对话无法为实现期待的结果创造可能性；问题在于应该重新开始还是等待进程完成。

我们都曾参与过这样的对话，有时作为批评的一方，有时作为被批评的一方。很多时候，批评的一方并没有意识到自己正在批评别人。在亲密关系中，那些听起来带有批评意味的对话在讲话者看来似乎是出于一番好意。例如，厨房里这样似乎很温和的一句话："亲爱的，你为什么不干脆只用一只平底锅？这样简单得多，最后要干的活也少得多。"这句话会引发一连串人们并不希望出现的结果和摩擦。说话的人只是想帮点忙。但另一个人，基于过去的互动、假设和他自己的心情状态，会觉得自己受到了批评，没准就顶回去："我为什么必须按照你的方式做？"

评判和批评是批评性对话的核心。被问到贬低式问题的人往往会产生负面的情绪反应：防御、恐惧、羞耻、感觉自己无价值、愤怒或者感觉被剥夺了某种权力。贬低式问题往往反映出一种不平等的权力机制（老板—下属，父母—孩子，教师—学生），被问到这些问题的人会感到十分挫败。这些基于缺陷的问题会对人们的情绪和信心产生负面影响。[10] 这种类型的互动往往会导致敬业度、工作效率降低。

有时候，批评性对话也可以是有价值、有成效的。我们的组织、学校和家庭中有很多这样的例子。根源分析是一种找出问题的根本原因的解决方法，可以让简单的方法浮出水面。批评性反馈可以激励变革，但无法支持变革。夫妻之间的争吵会把需要坦率交流的问题摆上桌面。所有这些都是批评性对话带来正向结果的例子。一般来说，取得这样的结果感觉并不好，尽管如此，结果仍然是正向的。

如果已经通过以欣赏为主的对话形成牢固的人际关系，与之平衡的批评性对话就能够发挥一定效果。研究表明，要在团队和人际关系中取得最佳结果，对话中正负面的比率应为6∶1（6个正向、1个负面）。[11] 随着时间的推移，如果批评性对话占据了主导地位，最终会削弱人际关系、限制潜力的发挥、降低生成性。事实上，这样的对话会变成破坏性对话。当比率低于3∶1时，情况开始变得无法收拾。[12]

破坏性对话

谢恩和让－吕克正站在咖啡机旁边。"如果我不得不再一次听克劳迪娅念叨她的销售目标，我就要砸东西了。"谢恩气愤地说。"我明白你的意思，"让－卢克补充道，"她完全不在乎她给我们这些人留下什么印象。"

"没错。好吧，她的销售额可不是全靠她自己。我敢打赌，其中有一些是经理给她的。你也见过他们看向彼此的眼神，不是吗？"谢恩含沙射影地说。

第二章 你在进行什么样的对话

"哇,我不知道!这不公平,"让-吕克生气地说,"这令我感到恼火。明天我要跟她合作起草一份协议!我得小心她,我得注意不动声色。她很可能会让我干所有的活儿,然后由她坐享所有的功劳。"

你可以看到这次对话是怎样发展的以及这会对第二天让-卢克与克劳迪娅的合作产生怎样的影响。这是一次破坏性对话,完全没有可能取得正向结果。它创造或加强了权力差异机制,产生负面基调,并为实现预期结果制造了障碍。对话中充满了对克劳迪娅、她的工作和经理的贬低。克劳迪娅甚至根本不在场,她和两个同事之间的关系就已经破裂了。让-卢克不由自主地预测一次负面互动,他在互动中会吃亏。除非让-卢克意识到他和谢恩之间的对话本质是破坏性的,否则第二天他和克劳迪娅的互动很可能也是批评性或破坏性的。他们几乎不可能进行一次高成效、有意义的合作。

对于有着亲密关系的人来说,一个批评性或消极攻击的问题,比如"你为什么总是把你的东西到处乱扔?"会在伴侣之间引起破坏性对话:"你真唠叨!""如果你能把你的东西收拾好,我就不用唠叨了!""这也是我的房子,我喜欢把我的东西放在那儿!你真是个控制狂!""我不是想控制,我只是喜欢干净整洁的房子,那样风水更好。能量会被杂物影响。"他转了转眼睛:"哦,天哪,现在又是风水了!"

这对夫妻各说各话,话语中充满了评判和批评,在这个过程中否定对方的价值。这次对话中满是指责、谩骂和吹毛求疵,然后引发攻击和防御。这样的对话不仅是不值得进行的,也是有毒的。这会摧毁人际关系,破坏对话者追求卓越的潜力。如果这样的对话成为常态,也就预示着团队表现不佳,甚至夫妻离婚。[13]

如果对话会消耗参与者的生命和精力,参与者就知道自己正处于一次破坏性对话中。对话呈螺旋状下降,会给对话者带来负面感受。接收一方不会觉得自己有价值,也不会贡献价值。这种对话动态不会令任何人感觉良好。一旦触发防御心理,陈述就会变得保守,受到负面情绪的驱动,压缩和摧毁创造力和批判性思维。人际关系变得越来越紧张,久而久之,信任不复存在。就像医疗中心那样,这种对话会创造出一种有毒的环境。这样的氛围会导致工作效率和敬业度降低，身处其中的人感到不满，以及断开连接。如果这种情况继续下去，人际关系就会彻底破裂，组织团队无法做出良好的表现。员工们在心理上会放弃团队成为局外人或与少数人组成小团体，从而导致团队分裂，甚至家庭也会分崩离析。破坏性对话往往具有以下形式：

- 整体上基于缺陷的陈述：责备、剥夺权力、显示权威或者尽量弱化别人的价值；
- 争论或辩论，不愿倾听彼此说话；
- 欺凌；
- 命令和控制；
- 严格主张，不肯探询其他人的想法。

破坏性对话的基调会令人感觉糟糕，引起负向情绪。对话方向经常处于旋转循环之中，使得对话无法达到正向目标，反而进一步放大负向基调。第四种也是最后一种类型的互动几乎与之完全相反：肯定性对话。

肯定性对话

一位高中老师对学生表示肯定:"萨曼莎和塔米尔,你们这个项目做得很棒!很明显你们为此投入了很多时间,你们达到了 A 等的标准。明天我想让你们把这个项目介绍给全班同学。"

"谢谢。"萨曼莎和塔米尔齐声说道。"你帮了我们很多。没有你的支持,我们不可能做得这么好。"塔米尔补充道。

"嗯,这就是我的工作,"老师回答说,"我所做的不过是给出一些关于去哪儿查找资料的建议和线索。是你们自己完成了所有艰难的工作,并整合成如此精美的最终成果。你们应该为自己的工作感到自豪!"

这是肯定性对话的一种形式。这样的基调会增强正向情绪和良好感受,但它不具备方向性。尽管如此,它对于情绪的影响仍然可以启发人们前进,激励正向行动。肯定性对话的另

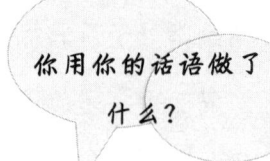

你用你的话语做了什么?

第二章 你在进行什么样的对话

一种形式是相互提出主张：你分享自己的理念，别人也分享他的理念。这种对话通常是在其他类型的对话中作为过渡。如果出现辩论、批评和争吵，那么你们已经进入一次破坏性的互动。相比之下，如果对话各方真正对彼此的观点或者他们的理念怎样消除分歧感到好奇，就会出现值得进行的对话。只要在互动中提出带来新知识或激发创造力的问题，就能让这次互动成为一次值得进行的对话。肯定性对话集中于以下内容：

- 真诚的（互相）赞赏；
- 感谢；
- 正反馈；[14]
- 激励/鼓励；
- 正向主张。

值得进行的对话和肯定性对话之间的区别显而易见。后者就像萨曼莎和塔米尔与他们的老师进行的对话，仅仅让人感觉良好。这种对话会加深正向人际关系，鼓励人们追求卓越，但它缺乏值得进行的对话中的活力和动态能量。参与肯定性对话很重要，因为它会培养出一种有利于发挥潜力和创造力的氛围。然而，仅仅这些对话本身并不足以产生新的知识或创新。

随着时间的推移，参与肯定性对话也许只会令人感到氛围"友善"。如果缺乏生成性问题，那么肯定性对话会营造一种友好但不稳定的环境，无法实现真正的学习和成长。我们在这样的对话之后也许会喜欢和欣赏彼此，但我们的人际关系其实并没有达到同样的深度，更不可能实现需要人们一起深入才能发展出的未来。

过犹不及或缺乏诚意的肯定性对话会适得其反。随着时间的推移，不真实的欣赏会创造出一种有毒的环境。这些互动可能表现为当面"友善交谈"，背后却发表负面评论，或者利用肯定和赞扬只让自己一方获利。这种表达和操纵方式在所有人看来都很明显，也许只有做出这种事的人不觉得。随着时间的推移，这会成为破坏性对话。

花几分钟时间回忆一下你在自己的个人生活和职业生涯中经历的每一种类型的对话。你的对话会把你带到哪里（方向），带来怎样的感受（基调）？这两个问题是判断对话类型的关键指标。在下一章，我们将如约为你介绍两种简单的欣赏式探询实践，让你可以有意识地发挥有成效、有意义的作用。

第三章
两种简单的欣赏式实践

创造一个正向未来，始于人类的对话。任何社区或组织的成员可选择的最简单、最有力的做法，就是在与别人开始对话后表现出答案非常重要的样子。

——威廉·格雷德（William Greider）

我们在第一章中看到，艾莉莎在医疗中心仅仅通过改变她的参考框架并提出一个改变一切的问题，就使对话的方向和基调发生了改变。她把老的对话框架（将员工视为问题）转变为新框架（将员工的想法和行动视为可能性）。与之前的批评性对话相比，从这个新的参考框架出发，形成一系列不同的问题，能够启发解决方案和更有效的互动。这些问题帮助她的员工专注于怎样做有效、效果更好。问题的答案使他们能够复制成功并创造新的可能性。

同样，银行的卡迈尔和玛丽有意识地架构他们与伊丽莎白的第一次会面，为欣赏的基调和正向的方向奠定了基础。他们请她分享关于银行和社区的最佳体验，从而使这成为一次值得进行的对话。

艾莉莎、卡迈尔和玛丽应用的两种实践是欣赏式探询实践中的正向架构和生成性问题。在实际生活中很难区分这两种实践，因为它们交织在一起，创造出值得进行的对话。尽管如此，它们其实存在明显区别，值得了解一下每一种方法怎样进行实践，怎样对有成效、有意义的互动做出贡献。每种实践都可以改变任何对话的基调和方向。你可以从正向架构开始，然后提出生成性问题；也可以从一个生成性问题开始，自然而然地创造出正向架构；或者你也可以在一次负向互动中提出生成性问题，扭转对话的方向。

正向架构

回忆一下，卡迈尔把伊丽莎白和拉姆叫到他的办公室，想分别和他们谈谈开户花费时间太长和实际开户的人很少这两个问题。他本可以使用批评性的基调和方向让对话针对他们每个人。但与此相反，他让这次对话的框架基于合作创造出快速开户的流程。这是卡迈尔期待的结果，让他更容易邀请伊丽莎白和拉姆一起帮忙研究怎样做到这一点。卡迈尔为这次对话带来了正向架构。正向架构不仅仅是为了把注意力集中于正向,[1] 也是为了把注意力和行动集中于我们想去的地方或者我们更想要的东西上。

为了启发值得进行的对话,要应用正向架构,这会创造出理想的关注焦点。正向架构会吸引人们,启发人们的好奇心、想象力和兴趣。正向架构的示例参见表 3.1。

表 3.1　正向框架怎样吸引人们积极投入、提升敬业度

一个正向框架可启发好奇心、想象力和提升敬业度。	
我们的员工感觉受到了重视,他们每个人都与高效的团队合作。	・我想在那里工作!这是哪家公司? ・你怎么知道员工感觉受到了重视? ・什么有助于令人感觉受到了重视? ・是什么让他们富有成效? ・我们怎样才能参照你所做的事情,让我们的员工产生同样的感受? ・想象一下,如果这里的情况也一样,会是什么样子!
员工期待他们的季度绩效评估。	・真的?为什么?员工喜欢你的评估中的什么内容? ・要怎样做才能让我的员工期待这些对话?
我们来做个度假计划,让我们每个人都觉得这是最棒的一次假期!	・听起来棒极了。我想花很多时间待在水里! ・哪种水重要吗?因为我喜欢去海边。 ・大家觉得去看几场演出怎么样?

续表

我们的学生在茁壮成长,无论他们在谁的班级里。	·这怎么可能做到? ·你所说的"茁壮成长"是什么意思? ·你怎样帮助他们茁壮成长? ·怎样让所有教师和学生都参与进来? ·我们怎样才能把这种做法扩展到我们所有的学校? ·我希望我的孩子去你们学校上学!
在我们镇上,我们跨越所有类型的分歧交谈:种族、性别、政治。我们寻找一种方式,让我们所有人一起好好生活。	·你们是怎么做的? ·你们是怎样让人们坐到谈判桌旁的? ·你们谈了些什么? ·我们正在努力做到这一点,但我们不断遇到恐惧和怨恨。你们怎样克服这些问题? ·谁帮忙引导这种做法?
想象一下,5年后我们可以说我们每年在减少环境足迹方面取得了巨大的进步。	·我很期待! ·我们应该从哪里开始? ·我的部门已经在努力这样做了。我可以分享我们一直以来的做法。 ·我们可能需要做出一些政策调整。谁有兴趣关注这方面的事情? ·我们怎样才能让人们积极参与和投入其中? ·城市/管理层应该怎样做,以设置一个高标准? ·我们要怎样衡量是否成功? ·我想知道其他城市/组织做了什么?

你可以将正向架构应用于几乎任何情况,包括对话、评估过程、会议议程、计划过程、面试或互动。你可以

第三章 两种简单的欣赏式实践

在对话开始时这样做，也可以在意识到一次对话具有贬低性时做出改变。无论是哪种情况，无论你在和谁说话，你都可以架构（或重构）对话的焦点，促成一次值得进行的对话。对话的动态始终受到我们的关注焦点（或框架）的影响。马克的故事以实例说明了这种影响。

马克在一家财富100强公司担任中层管理人员，他正准备与一位工作表现优秀的雇员进行一次艰难的对话。主要问题在于：她经常在周会上迟到，有时会错过截止期限。他和他的对话导师讨论怎样架构这次对话。马克思索着露出微笑："在你教我这两项基本的欣赏式探询实践之前，我会把梅丽莎视为一个问题。我可能会这样说，'我们有个问题，那就是你总是迟到，错过截止期限。你必须做出改变。'我会架构一次批评性或破坏性的对话，提出批评性的问题。我现在很清楚那会是什么结果！"

他的导师点头问道："那么，现在你打算怎么架构你

> 我们的框架和问题是至关重要的。

和梅丽莎之间的对话？"

马克回答说："嗯，我还不太确定，这就是为什么我想和你谈谈。我想做的是：我不打算把她视为一个问题，我希望把焦点集中于怎样建立一个表现优秀的团队，围绕哪些行为会影响团队和我们的表现来架构这次对话。我想我应该这样开头，'你的工作表现非常棒，你的投入对于我们这个团队的成功来说非常重要。因此，所有人都提前几分钟或至少按时来开会真的很重要，遵守截止期限也一样。你迟到了会影响我们所有人。你有什么主意吗？我们应该怎样计划和安排才能解决这个问题？'你觉得怎么样？"

马克的导师微笑着说："我想你们会进行一次富有成效的对话。"他在离开时补充道："记住，也要考虑你自己的角色。"

关键是要注意马克不会回避问题；相反，他计划正面解决这个问题，并邀请梅丽莎参与设计解决方案，就像卡迈尔对待伊丽莎白和拉姆的方式。马克应用正向架构的实践，解决了对于团队整体表现产生负向影响的问题，同时也和他的员工维持了良好的关系。这样处理的结果是，整个部门幸福感很高，团队活力十足。在这个具体情况中，也许梅丽莎仍然会感到难过，因为问题是由她的行为造成的，但关注焦点在于期待的结果，而非她本人。这样她更有可能坦陈妨碍她做到准时的潜在问题。新的信息也许有助于找到解决方案。

正向架构是指有意识地塑造一种对话，邀请人们参与进来创造正向结果。这适用于工作、学校、家庭、社区联系，甚至我们与自己内心的对话。我们始终建议，练习正向架构就从此时此地开始。如果你和我们当初一样，也和我们大多数客户一样，你会从问题导向开始，或者把注意力集中于负向问题。如果是这样的话，只需重新架构焦点。重新架构一次对话、任务或主题的过程，可以从我们称之为翻转的技巧开始。[2] 通过这种简单的方法，我们可以把贬低重构为欣赏。

翻转

导师走后，马克又花了一些时间考虑他希望应用的正向架构，思考自己的行为对于这个问题的影响。他之前没想到自己会在梅丽莎迟到的问题上扮演某种角色。考虑到他对这个问题也许有一定责任，他感到心态更加开放，对她的批评态度更少。他仔细考虑了翻转的过程，把原本贬低式的框架改为欣赏式的框架。他花时间仔细理清梅丽莎带来的影响以及她如果能做到准时对部门有何好处。他的心理过程大概是这样的：

- 问题是什么？梅丽莎经常迟到，错过截止期限。
- 问题的正向对立面是什么？梅丽莎准时抵达，按时完成任务。
- 如果梅丽莎能做到准时，会有何影响？期待的结果是什么？团队凝聚力增强，工作表现提升，建立牢固的信任关系，相互尊重与合作。所有这些将帮助我们持续优秀地表现。

注意，将问题重构为正向架构的步骤是由生成性问题激发的，尤其是从正向对立面移动到新的框架。这些问题为这次对话生成了新的视角和更广阔的背景。新的框架通常会启发好奇心。对马克来说,重构的过程扩展了他的认识,让他在更广阔的背景下思考为什么准时对于团队成员来说很重要。

这也令他开始思考,为了增强凝聚力还能做些什么以及自己怎样才能更好地为此做出贡献。他怎样做可以为成功奠定基础?如果不这样做,是否会导致梅丽莎这件事处理失败?梅丽莎来参加他们的一对一会议时,这些问题影响了他的心态和开放性。马克在对话开始时说:"梅丽莎,我想确保我们有个强大的团队,而这建立在相互信任、反应能力强、相互尊重和凝聚力强大的基础上,因为我认为这样我们才能一起取得非凡成就。你觉得呢?"梅丽莎回答时有些犹豫,似乎不确定这次对话会怎样发展:"我同意,我希望我能为此做出贡献。"

马克回答说:"我希望我也尽可能为此做出贡献,但我不太确定自己是否做到了。我很高兴你和我对此意见一致。你工作表现很出色,你的投入对我们的团队来说非常重要。你肯定为我们的成功做出了贡献。我注意到有一些待解决的问题,而这需要你的帮助。我感觉,如果开会时你不在，或者有些东西没能按时提交，人们会充满挫败感。这意味着他们无法向前推进工作，因为你分享的信息十分重要。你是这个团队的重要成员。我担心他们的挫败感会随着时间的推移逐渐积累，影响团队的信任感和凝聚力。你有没有什么主意，确保我们一直是个强大的团队？我需要怎样做才能实现这一点？"

梅丽莎感到尴尬，但马克似乎愿意听她解释。于是她说："我迟到的会议都安排在星期三早上8点，那一天我真的很难做到准时。因为每周只有那一天，我需要送我的儿子康纳去托儿所。别的日子都是我丈夫送他去，但星期三不行。如果我们可以把例会安排在上午8:30或9:00，或者其他日期，我可以向你保证我会准时到。"

马克十分震惊，过了会儿后问道："这样就够了吗？我们当然可以换个时间。我们会重新安排下次会议。"他意识到他从未就开会时间征求过别人的意见。

"还有，关于截止期限，"梅丽莎补充道，"我也很讨厌错过截止期限，我不想留下这种糟糕的名声。我承认有时候是我交晚了，我需要努力做到准时。但有时候，

第三章 两种简单的欣赏式实践

团队成员在设定截止期限时，并不理解付出怎样的代价才能按照那些截止期限完成任务。如果我知道自己不可能在截止期限前完成，当时就应该直接说出来，但我又觉得如果我不努力试试的话，会导致整个团队士气低落。"

马克认识到他自己的领导方式对这个问题存在影响。他回答说："我想让你知道，我们每个人在这方面都有一定责任。没有让需要参与决策的员工参加会议是我的问题，团队需要确保在设置任何截止期限时，受到截止期限影响的所有人都参与那次对话。在我们下次会议上，我会负责处理这个问题。就你而言，梅丽莎，以后如果你认为截止期限不现实，请直接说出来，即使截止期限已经定下，而你当时不在场。这样做其实会使你在团队合作中表现得更好。要么我们更改截止期限，要么团队集思广益考虑怎样做可以帮助你在截止期限之前完成任务。这样做在你看来有用吗？"

你很容易看到，正向架构将一次潜在的破坏性对话转变为有成效、有意义的对话。如果你想亲自实践这种做法，可以应用简单的三步翻转过程，如图3.1所示。

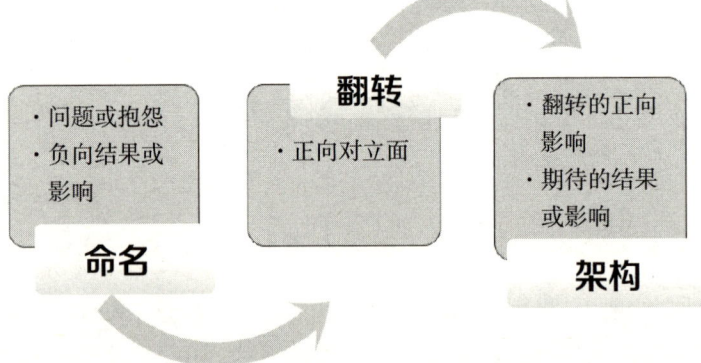

图 3.1 翻转：架构一次值得进行的对话

- 步骤 1：命名。问题、抱怨或者你不想要的东西是什么？
- 步骤 2：翻转。正向的另一面是什么？你真正想要的东西是什么？
- 步骤 3：架构。如果实现翻转，正向的影响是什么？你期待什么结果呢？

在重构一次对话时，拥有开放的心态是至关重要的，因为翻转往往会让我们转向新的方向。仔细思考怎样重构，确保解决或消除最初的问题。例如，当梅丽莎和她

第三章　两种简单的欣赏式实践

的老板发现真正的问题在于日程安排时,她迟到这个问题就消失了,并且他们一致同意未来她会就截止期限提出意见,她以后工作中的问题也就解决了。因此,重构的结果是有利的,解决方案涉及的理念或人员最初也许被视为问题的一部分,包括你自己。

这种简单的实践帮助成千上万的人以最佳方式设定对话的基调和方向,在他们面对任何贬低式互动时改变关注的焦点。正向架构为更好的人际关系和更有效的工作环境奠定了基础。关键是要指出,虽然你可以重新架构任何对话,但在这个重构过程中,需要所有相关方愿意遵循你的引导。大多数时候,人们喜欢关注他们想要的东西。但如果你陷入了一种破坏性的人际关系,另一方坚持进行破坏性对话或批评性对话,也许唯一的选择就是结束对话,或者在可能的情况下让其他人加入这次对话。找个值得信任的同事或者朋友进行一次基于欣赏式探询的对话,旨在探讨你怎样采取必要的行动保证自身的安全或有效解决负向问题。

正如我们一开始提到的,在欣赏式互动和基于探询的互动中,正向架构和生成性问题交织在一起。就像你之前读到的，这些技巧在发展出正向架构的过程中进一步交织。让我们仔细了解一下这种类型的问题以及它们怎样支持值得进行的对话。

生成性问题

在第二项实践中，希望你能抱有一种好奇的态度。我们感到好奇时，会自然而然地提出生成性问题。我们的同事杰维斯·布舍针对生成性问题给出了最恰当的描述："生成性问题创造出新的意象、隐喻或物理表征。它具有两种性质：会改变人们的思维方式，从而让人们可以做出新的决定、采取新的行动；它会激发令人信服的意象，促使人们采取行动。"[3] 换而言之，生成性问题的作用如下：

- 为多种不同的观点留出空间：你怎么看？
- 让新的信息和知识浮出水面：在你以前的工厂里，他们怎样处理这个问题？

第三章 两种简单的欣赏式实践

- 激发创造力和创新性：如果我们把市场和发展结合起来，会出现怎样的可能性？

在处理任何问题时，即使是非常困难的问题，生成性问题引发的对话都会带来信任、正向能量以及推动系统朝正向方向前进的变革性力量。生成性问题关注什么是最好的、什么可能是最好的。结果是人们用新的方法解决复杂问题，以令人信服的意象推动集体行动。

在下面的故事中，莫妮卡应用生成性问题改变了她与儿子之间的对话状态。莫妮卡和她十几岁的儿子艾登一直反复争吵，最终她厌倦了以前那种毫无进展的互动方式。艾登想借车去过周末，和他的朋友们"做点什么事"。莫妮卡不喜欢他开快车，因为他可能会因此惹上麻烦。批评性对话使他们之间产生了裂痕。莫妮卡为此感到难过，但她不知道还能怎么做。

在对话中间，她突然想到她可以应用工作中学到的实践改变对话的基调和方向。当艾登又开始反复争辩时，莫妮卡举起手，停顿了一下说道："我真的能理解你为什么想借车，我希望你能明白我为什么担心你的安危。那么，我们怎样才能进行一次更有成效的对话？我们怎样才能达成某种共识，让你能拿到车，也让我能放心，即使你的朋友给你压力，你也能做出合适的决定？"

艾登突然停了下来。这次轮到他表示暂停一下，然后他们开始了全新的对话，这将是一次值得进行的对话……结果确实如此。莫妮卡的问题使艾登可以让他妈妈知道，他确实明白事理。他承认，有时看到朋友们的遭遇，他庆幸自己没有得到允许开车。但另一些时候，他错过了他希望拥有的体验。在那些时候，他会觉得她保护过度。听到这些，她意识到她甚至没有考虑过陷入僵局的部分原因在于她自己拒绝放手。莫妮卡和艾登最终达成共识——开车的权利可以开始慢慢放开，他们之间的信任和信心由此进一步增强。

莫妮卡把这次对话从批评性对话转变为值得进行的对话，首先她重构了当前状况，然后提出生成性问题。这些简单的行动改变了对话的基调和方向，促使他们两个人都退后一步、思考片刻，更加开放和诚实，从而改变了他们互动的结果。这是最有价值的实践之一，有助于建立牢固的人际关系，发挥团队的潜力，在面对挑战

第三章 两种简单的欣赏式实践

时展现出可能性,以及朝期待的目标迅速前进。

提出生成性问题是激发富有成效的对话和提升员工敬业度的一种基本实践。生成性问题可以加深人与人之间的理解,巩固人际关系。这些问题会激发创造性思维、带来希望,并且创造出前进的动力,对组织和家庭来说都是这样。甚至解决全球性问题也一样,比如杰瑞·斯特林的案例。

20 世纪 90 年代,杰瑞为关注儿童幸福的国际非政府组织"拯救儿童"(Save the Children)工作。越南政府请这家组织协助解决该国南部儿童营养不良的问题。[4] 杰瑞来到越南后很快被外交部长告知:不是所有人都喜欢他待在那里,他只有 6 个月时间改变现状。任何传统的问题解决方案显然都无法发挥作用,比如引入清洁水源,建立针对营养和公共卫生的教育计划,以及消除贫困。杰瑞开始思考一个生成性问题:"我想知道是否存在孩子们茁壮成长的家庭?"

> 创新解决方案可以在已经发挥作用的地方找到。

这个问题促使杰瑞集合了一群来自农村社区的母亲，帮助他找到答案。他让她们测量所有孩子的身高体重，希望找到一些没有营养不良的孩子。同时，他与社区中尽可能多的人交谈，了解他们的饮食习惯。他发现了这里的一致之处：母亲准备食物；全家一天吃两顿饭；孩子们和大人一起吃；孩子们自己动手吃饭；孩子们吃的是干净软烂的食物（没有贝类）；孩子们生病时不吃饭。同时，母亲们收集的数据显示，事实上，有一小部分例外偏离了社区正常情况：非常贫困的家庭中的孩子们比一般家庭条件的孩子更健康、更强壮。

杰瑞提出另一个生成性问题："这些孩子的母亲做了什么事情造成了这种区别？"观察结果以及与这些母亲的交谈展现出了一些重要区别：她们没有遵循文化传统。在这些家庭中，孩子们吃下的食物分量相同，但要分为四顿来吃。如果孩子还不能自己吃饭，母亲会喂他们。这些孩子会吃小虾、螃蟹和甘薯叶，而这里的绝大多数人视这些食物为低档食物。此外，孩子们生病时会吃东西。饮食方面的区别非常重要：这些孩子每天比其他孩子摄入了更多的蛋白质和维生素。杰瑞就此发现了针对

第三章 两种简单的欣赏式实践

营养不良问题的一种本地解决方案。于是拯救儿童组织实施了一项计划，让较健康孩子的母亲指导社区中其他母亲怎样以更有益的方式喂养孩子。在 6 个月之内，他们使这些家庭的幸福感实现正向变化，因为他们发现了一种可推广的解决方案。

杰瑞挑战了思考问题的传统方式。他提出的问题不是怎样解决与营养不良有关的结构性或文化性问题，而是寻找正向偏差。[5] 解决方案已经存在于社区之中，而杰瑞通过提出生成性问题发现了这些方案。

有时，我们会发现自己正处于一次批评性对话或破坏性对话之中，因为没有人关注对话的本质。如果想把一次负向对话转变为正向对话，可以从生成性问题开始。在下面的故事中，你会看到加布里埃拉怎样通过提出一个简单的问题，将一次负向对话转变为欣赏式对话。

加布里埃拉是一名组织发展顾问，她来参加一个欣赏式探询研讨会最后一晚的招待会。她与美国中西部一所大型大学的教务长谈及学校正在执行的一个

> 探询和变革并非彼此孤立。

新项目，该项目的目的在于让学生参与进来提高学习成绩。教务长抱怨道："我们在这个强大的新型学习管理系统上投入了这么多时间和金钱，但我就是没办法让全体教员都参加。这太令人沮丧了，尤其是对学生来说。有时我想知道他们是否根本不明白这多么有用。"

加布里埃拉一直在倾听并表示同情。她对于教师有自己的看法，而她的看法正好与他所说的一致。她参与到这段贬低式对话中，问道："这是教员的典型特征，不是吗？""为什么他们总是对新事物如此抗拒？"突然，加布里埃拉意识到自己正在提出一些贬低式问题，推动这次批评性对话继续下去。她想："好吧，让我们尝试一下欣赏式探询的方法。让我们来看看我能否通过一个简单的问题来翻转关注点，从而改变这次对话。"

在教务长下一次停顿时，她问道："是否有教员愿意参加你的项目？"她甚至还没来得及说完这句话，教务长就面露喜色，他挺直身体，热情地微笑着，以完全不同的基调说："哦，是的，管理学院的教员都愿意参加！他们真心诚意地愿意采用这个系统！"然后他接着描述了这些教员所做的一切事情，以及他们的学生们取得的

第三章　两种简单的欣赏式实践

成功。但加布里埃拉已经没再认真听了，因为她被改变一次对话是如此容易震撼了。

加布里埃拉所做的仅仅是针对教务长所说内容的正向对立面提出一个生成性问题。她的问题在须臾之间彻底翻转了那次对话。[6]这是把对话从贬低式转变为欣赏式的一种最简单的策略。这些故事只是我们收集的大量客户案例中的少数几个，证明了正向架构和生成性问题力量的强大。这两项简单的欣赏式探询实践会改变我们的态度，为创新腾出空间，并且邀请人们展现各自的能力、发挥作用和分享。当人们受邀分享他们的知识和理念时，鼓励每个人用开放的心态倾听。这会拓宽和培养我们的批判性思维和创造力。[7]莫妮卡请她的儿子帮忙找个两个人都能接受的解决方案，艾登则不再坚持自己的主张，而是同样敞开心扉考虑他母亲的需要。这样的架构和问题扩大了行动的可能性，增加了获得新知识和创新解决方案的概率，铺平了通往繁荣兴旺的道路。

提出生成性问题始于好奇心和开放的心态。我们建议首先考虑自己的框架。我们关注的焦点在哪里？我们能否以开放的心态面对任何问题？我们的问题背后是否存在一套议程或一系列假设？回忆一下艾莉莎把欣赏式探询引入医疗中心之前，她关注的焦点是不断下降的统计数字，她的假设是员工肯定没有好好完成自己的工作。她有一个负向框架，问题来自于这个框架，它本质上是贬低式的，且进一步导致批评性对话的产生。通过重新架构，把关注点集中于实现优秀护理的可能性，她自然而然地发现自己提出了完全不同的问题。她对于已经起效的做法和应对挑战的创造性理念感到好奇。关注焦点的变化进一步带来了生成性问题。

当你开始应用正向架构和生成性问题时，你要扪心自问：我打算说出口的话是否可以增值？我是否能促进人们发挥有成效、有意义的作用？我是否以欣赏式的基调开头？我的问题是否推动我们朝正向方向前进？表3.2给出了大量示例。

表3.2 生成性问题示例

你的问题可以做到什么	示例
引出信息、故事、理念和视角	艾莉莎对工作人员的问题："什么时候患者感到满意？"
了解体验	你以前做过类似的这种事情。"你有何体验？怎样做对你有效？"

第三章 两种简单的欣赏式实践

续表

你的问题可以做到什么	示例
展示优点	"你们每个人可以为这次冒险的成功做出怎样的贡献?"
让最佳方案和成功要素浮出水面	"你熟悉行业内哪些最佳方案?"
追求解决方案,或者可能为解决方案提供信息和数据	杰瑞的疑问:"健康孩子的母亲做了什么?"
找到新的思维方式、可能性、机会和愿望	思考一下蓬勃发展的数字社区:"如果我们想发展欣欣向荣的数字经济,他们拥有的什么是我们所需要的?"
了解你可以怎样做,你想要怎样的结果	莫妮卡的问题:"我们可以怎样做,让你拥有汽车,也让我拥有安全感?"
为新知识、创造力和创新性腾出空间	完全忘掉我们以前是怎样做的。"如果你今天设计它,你会怎样做?"
深化连接	"你怎么看?对你来说,这个项目的重要之处是什么?"
巩固人际关系	"你说你在这里没有机会,能否再解释一下你的意思?你寻求什么样的机会?"
让旁观者发挥作用	"你怎么想,伊丽莎白?"
加深理解	"你能否再多说一点你的想法,帮助我理解你的观点?"

我们使用的架构和问题是至关重要的。它们会影响我们的对话,而这些对话会影响我们的幸福和发展潜力。

正向对话和生成性的对话能够激发个体和集体的能量。它们拓宽和培养了我们的创新能力，以及为了期望的结果与其他人一起行动的能力。尝试正向架构，尽可能提出生成性问题；关注产生的结果。你会看到这两种实践在你的家庭、组织和社区中为你和其他人带来有效和高效的变革。

在下一章中，我们将与读者分享五项原则，以最有效地应用这两项实践。我们会说明，这五项欣赏式探询原则怎样帮助丹尼尔、拉维和其他几位客户增强了他们参与值得进行的对话的能力。

第四章
是什么驱动你的对话

每个人的生活都是由一系列对话构成的。
——黛博拉·坦南（Deborah Tannen）

基调和方向这些简单的线索可以告诉我们，我们正处于哪种类型的对话中。至于我们是怎样进入那种对话中的，则是另一个问题，但如果我们希望确保对话令人感觉良好（整体而言），并引领我们达成目标，那就必须了解这个重要问题。如果我们无法意识到是什么驱动我们的对话，就很难实践正向架构和生成性问题。我们的个人框架、期望和假设都可能成为障碍。幸运的是，大卫·库珀里德已确定一套明确的原则——欣赏式探询原则，通过这两种实践为你的成功奠定基础。这些原则可以引导你的意识，让你掌握控制权，从而有能力进一步参与值得进行的对话。

艾莉莎在欣赏式探询培训中了解到，人类互动依赖于五项规则或原则。[1] 回忆一下她在第一章中的反应：她认识到自己也是问题的一部分。她开始意识到自己的框架和假设的存在，以及这些框架和假设怎样影响她的对话。她的这种意识改变了一切，对于她成功应用两种实践来说至关重要。这五项原则帮助我们了解是什么驱动对话的基调和方向。无论是欣赏式对话还是贬低式对话，这些原则都会发挥作用。欣赏式探询的五项原则如下：

1. 建构主义原则：推崇理解、人际动力学，最终通过语言和对话创造现实。
→ 我们所相信的事实，是通过对话获得信息并发展出来的。

2. 同步原则：变化就发生在提出问题或给出陈述的那一刻。
→ 随着我们说出话语，我们的思想、身体和情绪都在一瞬间做出了反应。

3. 诗意原则：每个人、每个组织、每个情景都可以从很多角度看待和理解。
→ 对于任何人、任何情景或任何组织，不存在唯一的真理；真理取决于感知和关注焦点。

4. 预期原则：我们的意象和想法会影响我们的对话，

也会影响我们的未来。

→ 无论我们期待什么,都有可能实现。我们的预期会告诉我们寻找什么、看到什么、听到什么。

5. 正向原则:问题的正向性和生成性越强,结果的正向性和持久性越强。

→ 我们的问题启发意象,意象促成行动。

欣赏式探询的五项原则是控制我们对话的一些简单规则。[2] 理解这些原则是怎样共同起效的,可以让我们掌握控制权,开始发挥有成效、有意义的作用。下面具体说明怎样做到这一点:

- 如果我们交谈的方式影响了理解、人际动力学以及团队、部门和组织(建构主义原则),那么最好不要过于坚持自己的信念,而要提出问题,并且为新的知识和新的意义腾出空间。
- 如果我们的感知和体验会因如何使用或诠释词语和行为而瞬间发生变化(同步原则),那么最好敞开心扉提出问题。

- 如果我们的信念以及我们对于人和情景脑补的故事，会影响我们怎样理解和行动（诗意原则），那么我们最好谈论和关注什么是有效的、什么是最好的、什么是有可能的。
- 如果我们的期待会影响我们的所见、所闻、所做的事情（预期原则），那么最好敞开心扉，期待别人的最佳表现，并且期待自己成为惊喜。
- 如果我们的话语和我们提出的问题具有形成意象的基调和方向（正向原则），那么我们最好尽可能提出最具生成性和启发性的问题，激发出我们想要的正向意象。

艾莉莎学习这些原则时，回想起自己之前和医疗中心工作人员的互动。她认识到，正是她认为自己的工作岌岌可危、工作人员没有做好他们的工作，这些信念才驱动了那些对话。艾丽莎认为自己有责任确保季度报告有所改善，但她没能做到这一点，原因在于她认为别人工作质量不佳。

现在，她开始怀疑这几点是否属实。她意识到自己提出的批评性问题源于她的想法和感受。经过反思，她认识到对失败的恐惧促使她把责任推到别人身上。这样的对话让所有人都感到不舒服。除此之外，那些对话并没有带来她想要的结果，患者满意度和员工敬业度不断下滑。不过，艾莉莎应用欣赏式探询的原则扭转了她的思维和对话。

大多数时候，我们完全没有意识到是什么正在影响我们的对话，而且我们此时此刻亦无法意识到是什么正在驱动这次对话。艾莉莎反思自己与工作人员、护士长的对话之前，完全没有认识到她的互动是批评性、破坏性的。遵循这些原则使她改变了自己的想法和行为，从而改变了最终结果。这些规则鼓励她在行动前深入思考，针对当时的情景进行思考。她可以看到自己怎样进行意义建构，意义建构又怎样影响她的感知和行动。这种反思使她更愿意敞开心扉。

这也使她可以挑战自己的思维方式和看待事物的方式。意识到这一点后，她选择的框架更有利于展开值得进行的对话。从这种意识出发，她可以选择掌握控制权。一旦艾莉莎认识到自己的思维框架、假设、开放性、期待和语言对于对话的结果来说多么重要,她的整个做法都发生了转变。

艾莉莎在培训中了解到,欣赏式探询的核心在于合作寻找人、组织以及他们周围的环境中的最佳方面,从这个角度解决棘手的问题会带来创造性的解决方案、对人们来说赋予其生命的解决方案。³ 她在培训后回去工作,仔细思考了自己的做法以及她与互动对象之间的人际关系。这种反思的心态让她认识到,工作人员甚至比她更关心患者。而且,他们当然都希望医疗中心成为一个美好的工作场所。她仍然必须与他们讨论季度报告中表现不佳的问题。不过,这次她打算进行一次有成效、有意义的对话。

艾莉莎遵循建构主义原则与诗意原则,通过感谢和认可员工来架构她的对话:"我知道我们人手不足,你们每个人都在非常努力地工作,确保患者得到精心的照料。我毫不怀疑,你们和我一样都希望报告中能够体现出你们工作勤奋和照料周到。"这创造出一个欣赏式的环境,会影响期待值(预期原则)。然后,她遵循正向原则提出一个生成性问题,激发出一次值得进行的对话:"现在这

第四章 是什么驱动你的对话

一分钟,让我们忘掉那些报告。告诉我,在你负责的每个领域中,你觉得自己什么地方表现最佳?"

起初,艾丽莎的问题中体现出的基调和方向的转折似乎令工作人员感到震惊。他们不敢相信她会把那些报告暂时搁置一边。但在片刻尴尬的沉默之后,工作人员开始分享患者感到满意的故事,有些患者甚至会在离开后给工作人员送来感谢信和鲜花。艾莉莎请他们更具体地说明那些患者的经历有什么特别的地方。接下来的对话中出现了可复制的正向行动。

这反映了行动中的同步原则和正向原则。有些工作人员此前甚至从未有过这些想法。工作人员对于彼此和对于患者的热情不断提升,艾莉莎对此感到开心。这是一次精彩的对话,也是绩效和评分好转的开端。这短短一刻使医疗中心的正向变革踏出了大大一步。

让人们精神振奋、充满活力地朝正向方向前进,最简单的方法就是发起值得进行的对话。想要做到这一点,关键在于理解和关注是什么驱动了我们的对话。让我们更深入地探索欣赏式探询原则怎样帮助你创造精彩的对话。像艾莉莎那样反思自己的框架、动机和期待,可以让你更有意识地参与值得进行的对话。我们分享的每一个故事都从一项核心原则开始，但在每次对话中，所有的原则都会发挥作用。这些原则让我们学会如何在生活的方方面面驱动我们的对话朝正向方向发展。第一项原则，也即建构主义原则，是其他所有原则的基础。

关键在于我们理解的方式

建构主义原则：推崇理解、人际动力学，最终通过语言和对话创造现实。[4]

开学一个月之后，贾马尔最喜欢的课程是社会研究，最喜欢的老师是维蒂特女士。他不但做了所有规定的作业，还自愿去做额外加分的作业，甚至在放学后留下来帮忙指导另一个遇到学习困难的孩子。他正在茁壮成长。有一天，维蒂特女士在教师休息室里告诉大家，她很高兴班里能有贾马尔这样的学生，并且夸奖他

> 我们的信念和感知影响我们的对话。

是个非常棒的学生,他为同学们做出了很多贡献。贾马尔的英语老师萨默斯女士对此目瞪口呆。她甚至心想七年级是否有两个贾马尔。她耸耸肩,断定他肯定不喜欢英语课。

其他人可能也会得出同样的结论,但他们都搞错了。贾马尔的参与和表现取决于课堂互动情况,而非他喜欢哪个学科。每个教师的框架或心态会影响他们对贾马尔的理解、他们认为怎样可以帮助他学习,最终影响他们对待他的方式。让我们来看看每一位教师带到课堂上的架构以及这些未经审视的架构对贾马尔产生的影响。

萨默斯女士在一个严格的家庭里长大。她的母亲是护士,父亲是军人。她从小就相信成功来源于纪律严明的行动和关注重要的事情;如果遇到问题,就应立即解决问题。有时候这意味着需要寻求帮助,但独立完成可以体现个人品质的卓越。她妈妈很爱她,养育了她。她爸爸很少称赞她工作出色,因为那是他意料之中的事情:你努力工作、履行职责,然后才可能有时间玩耍。她相信帮助学生学习的最佳方式就是确保他们把注意力集中在课堂学习上,取得好成绩。这是她对待所有学生的框架。

维蒂特女士在一个完全不同的家庭里长大。她的母亲是自然疗法医生，父亲是成功的雕塑家。她家里充满了欢笑、鼓励和创造力。她从小就相信，如果你对某件事情非常投入、抱有热情，就能取得成功。如果你遇到问题，可以后退一步观察全局，征求别人的意见，寻求别人的支持。她妈妈很爱她，基于她的长处培养她。她爸爸启发她用艺术的眼光看待这个世界，始终寻找可能性和保持独特的视角。维蒂特女士相信，帮助学生的最佳方式是鼓励学生对学习保持热情，强化他们的长处。这是她对待学生的框架。

两位教师都希望能给贾马尔最好的教导，但她们基于个人框架对他的行为产生了不同的理解，导致她们与他之间的互动也存在明显区别。在英语课上，萨默斯女士希望为学生带来帮助，但贾马尔总是觉得自己受到了批评。当他试图通过开玩笑与别人交流时，萨默斯女士会立即训诫他。他经常凝视窗外帮助自己保持专注，萨默斯女士却以为他分心了，于是她会站在他和窗户之间，希望这样能帮助他集中注意力。贾马尔的作业成绩不稳定。当他表现不好或者偏离主题时，她会以批评的语气问："你明明

第四章 是什么驱动你的对话

能做得更好，为什么要交上来这么糟糕的作业？"而贾马尔会看着自己的脚尖，耸耸肩。虽然，他不太喜欢英语课。

维蒂特女士与贾马尔的互动完全不同。她相信幽默能帮助学生学习，她把贾马尔的玩笑视为他打破僵局、表明观点、与其他学生建立连接的一种方式。他在独自一人时，大部分时候表现得体且很克制。如果她需要引导他改变方向，她会注意不特殊对待他或者让他难堪。她注意到贾马尔经常凝视窗外，怀疑他也许是个高度听觉型学习者。她知道听觉型学习者经常会为了集中注意力转移视线。为了验证她的理论，她偶尔会针对刚刚所说的内容问他一个问题。每一次他都会朝她转过身来，迅速给出正确的回答。很明显，他能够保持专注，于是她不再在意他凝视窗外的行为。

他的家庭作业第一次表现不好时，维蒂特女士在下课后把他留下来说："贾马尔，你是个优秀的学生。你的前三篇论文内容准确、写得很好。但从你昨天交的东西来看，这次作业你并没有认真思考。为什么你没有围绕主题来写？"贾马尔告诉她，她留作业时他不太确定她说了什么，又不好意思问。他的朋友都不在这个班上，于是他也没人可问，所以他只能猜测。

她叫道："哦，我的天，我们必须做出改变！如果你不明白作业是什么，想象一下，还有多少人也同样不明白？我需要你帮我确定我说明白了。下次如果需要我更清楚地重复一遍，你能不能说些或做些什么告诉我这一点？"贾马尔想了一会儿，开玩笑说："我可以挠挠头，做个稀里糊涂的表情？"他示范了一下，两个人都笑了起来。他承诺，下次他不太明白作业是什么的时候，就试试这样做。那之后，贾马尔会毫不犹豫地使用这个信号让老师重复一遍他认为重要的事情。他的社会研究成绩得到一连串的 A，他很喜欢社会研究课。

表 4.1 基于两种不同框架对各项原则进行总结比较。

表 4.1 在贾马尔的故事中发挥作用的原则

建构主义原则
萨默斯女士 世界观：成功且有意义的生活来自于遵守规则、纪律严明的行动以及迅速解决问题。因此，只有讨论并遵守规则、及时执行纪律并且解决问题，才能取得成功。
维蒂特女士 世界观：成功且有意义的生活来自于遵循你的热情和心灵，发挥长处，并应用创造性思维启发可能性。因此，要谈论并启发热情、寻找长处，并为创造性潜力的发挥腾出空间。

续表

诗意原则
萨默斯女士 她认为贾马尔是个有潜力的聪明学生，一些行为问题会妨碍他取得成功。她在考虑怎样克服他的弱点，创造一个成功的学习环境。 维蒂特女士 她认为贾马尔很聪明、听力敏锐，怀疑他的害羞可能会妨碍他取得成功。她在考虑怎样利用他的长处创造一个成功的学习环境。
同步原则
萨默斯女士 贾马尔开始开玩笑时，她会立即阻止他，让他得到教训。对于她的公开训斥以及她对家庭作业的批评，贾马尔的反应是感到丢脸、自我封闭。他害怕回答她的问题。 维蒂特女士 贾马尔凝视窗外时，她会提个问题来评估他的注意力。贾马尔在课堂上回答她的问题时，会感觉自己被人看到、受到鼓励。她也鼓励他诚实地回答他对于作业真正抱有好奇心的是哪方面。
预期原则
萨默斯女士 如果贾马尔出现行为问题，她能迅速发现并阻止，那么也许他会更加成功。她预计他会出现更多的行为问题，决定密切关注他。贾马尔害怕回答她的问题，因为他预计会受到更多批评，他以前就听过的那种批评："好吧，别那么傻。说出来，问问我！" 维蒂特女士 如果她能想办法让他积极投入，帮助他发挥长处，那么他会更加成功。她预计他有长处、有各种兴趣爱好，她在寻找这些东西。贾马尔在课堂上受到支持和鼓励，所以当她问到家庭作业时，他的预期也是一样。

续表

正向原则
萨默斯女士 提出的问题本质上是批评式的,旨在帮助他进步。 维蒂特女士 提出的问题本质上是欣赏式的,旨在挖掘信息并鼓励贾马尔。

贾马尔在社会研究课上表现出色,这就是建构主义原则在发挥作用。在任何特定时间,我们每个人都会产生丰富的知识经验,再加上我们的个人框架和一整套信念,塑造并影响我们的感知。所有这些元素都会影响我们当下的回应。首先,我们针对这个世界的运转方式"建构"理解。然后,这些心理模型决定了我们的感知、理解和后续行动。萨默斯女士和维蒂特女士在成长过程中与家人、朋友、教师和其他有影响力的人物之间的对话,导致她们分别发展出独特的世界观。她们的世界观决定了她们怎样理解贾马尔、她们认为他的行为有何意义。这会影响她们与他之间的互动。除非我们停下来反思,意识到我们的隐藏框架正在驱动我们的对话,否则我们最终会强化自己的框架,也许会忽略其他人的框架。这种简单的意识意味着我们

拥有选择权,可以选择保持开放的心态、挑战自己的认知、提出生成性问题,并接受一个新的框架。

变化就发生在你提出问题的那一刻

同步原则:变化就发生在提出问题或给出陈述的那一刻。

回忆一下上一章,加布里埃拉突然意识到她和教务长正在进行的对话充斥着批评的基调。意识到这一点之后,她停止负向行为,提出一个生成性问题。教务长态度变化的速度和对话翻转的速度如此之快,甚至令加布里埃拉感到震撼。就在那一瞬间,她明白了同步原则的力量:探询和变革几乎同时发生。

她的故事说明,用一个简单的生成性问题扭转一次对话是多么容易。这表明变革开始于你提出问题或发表评论的那一刻。为了亲身体验这一点,回忆一下你上次在老板或同事面前犯错或者公开受到惩罚的时候。请你暂时停止阅读,唤起当时的记忆,感受自己身体上的体验。重温当时的体验对你的身体、情绪和心理有何影响？现在，回忆一下你上次公开受到表扬或者工作优秀得到认可的时候。请你再停一会儿，唤起当时的记忆。重温这些经历对你的身体、情绪和心理有何影响？

你的状态变化有多快？你可能会发现这与心理暗示是同步的，体现了同步原则。无论你出于什么意图和目的，探询和变革在一次对话中都属于同步事件。加布里埃拉向教务长提出的问题瞬间改变了他的身体状态、基调和方向。她也了解到关于教员和这个项目的至少两个故事。教员们在一个故事里抵触新系统，在另一个故事里欣然接受新系统。对话中出现哪个故事取决于你应用的框架和你提出的问题（诗意原则）。接下来，让我们来看看丹尼尔与第一民族帮派成员合作时，怎样认识到诗意原则的力量。

我们眼前的故事会影响我们的期待

诗意原则：每个人、每个组织、每个情境都可以从多个角度看待和理解。

丹尼尔与第一民族帮派的年轻人合作。他要面对一项极具挑战性的任务，帮助帮派成员选择另一条不同的道路。他曾经带这些爱惹麻烦的团伙成员参加绳索挑战的拓展训练，想教会他们团队合作与领导能力[5]，但不是很成功。丹尼尔认为这些帮派成员并不了解团队合作或领导能力，既因为他们没有完成挑战，也因为他们之前所做的人生选择。他曾希望如果能教会他们这些技能，也许他们就能在自己的生活中承担起领导角色。

有一天，他获得一笔捐款，购买了一次包括培训在内的简易挑战课程。在这次培训中，有人给他介绍了一种不同的建导方式：欣赏式建导。[6]在这个过程中，人们不再指出团队为什么会在活动中失败，而是邀请参与者确定取得成功和提升长处的时刻。丹尼尔在培训中了解到欣赏式探询原则，他和艾莉莎一样遇到了一次明显的"顿悟时刻"。他反思自己所相信的关于帮派成员的假设和故事，意识到这会怎样影响他看待他们的方式、他听到的内容以及他

> 我们所说和所做的一切都会驱动我们自己和我们周围的人。

对他们说出的话语。他没有意识到自己一直在强化关于帮派成员能力不足的信念。他感到沮丧，因为他的询问方式其实反而会强化他们的负向行为。

当他开始提出生成性问题时，这变成了一个完全不同的故事。他最初的一个问题很简单："虽然你们没有完成这项挑战，但它依然产生了什么效果？"在他们努力转换关注焦点时，丹尼尔试着回忆自己看到的一些有效果的做法，以便提示他们。"回忆一下，当你们站在横梁上，作为一个团队开始穿过沼泽，你们做了些什么，让自己能留在横梁上并且作为一个团队行动？"一个年轻人自告奋勇地说："我们互相搀扶，这样能帮我们保持平衡。"然后更多的人表达了自己的想法："我们走得很慢，不会在别人没有准备好的时候拉扯他们。""萨米还没上来，他能看到所有人，可以告诉我们情况如何。这样能帮助我集中注意力。"

在那一刻，丹尼尔意识到这些孩子其实懂得团队合作与领导能力，他们正是依靠这些构成一个紧密的帮派，只不过他之前没有在他们身上寻找这些东西。随着时间的推移，他的问题使每一个年轻人拥有的能力展现出来，有些人发现自己属于强有力的领导者。他现在认识到，他的任务是帮助他们意识到自己的能力的存在，培养他们的长处，使他们成为社区中杰出的领导者。下一年，丹尼尔的努力有了成果，他看到了这些孩子呈现出的潜力，十分开心。他启发他们应用模块化装置创造新的挑战活动，指导他们进行欣赏式建导，让他们可以把自己学到的东西教给更年轻的男孩们。

丹尼尔亲身体验了诗意原则。如果他关注失败，就只会看到失败。如果他关注团队合作和领导能力，就会看到领导能力和团队胜任力。这既不是魔法也不是盲目乐观，只需选择一个正向视角，然后提出生成性问题。[7]

下一个故事建立在预期原则的基础上，故事中，拉维发现，仅仅是为对话创造正向框架并提出生成性问题，还不足以确保这是一次值得进行的对话。

期望会影响对话和可能性

预期原则：我们朝着我们的意象和想法的方向移动。

拉维第一次与他的团队一起实践正向架构和生成性问题时，就发现了预期原则的重要性。拉维在一家总部设在印度的大型国际技术组织中担任高级领导者。这家公司采取自上而下的领导模式。为了与规模较小的高科技创业企业竞争，这家公司投入资源发展欣赏式探询领导力，目标在于提升灵活性、创新性和敬业度。

拉维曾经参加过相关研讨会，了解欣赏式探询的价值。他希望他的团队更加敬业，对企业产生主人翁意识。他决定，把项目最终稿交给副总裁之前，先让大家一起参与他的项目设计。他已经花了几个月时间进行设计，现在基本定稿，他觉得可以跟大家分享了。他为团队介绍这个项目，并提出一个他视之为生成性问题的问题："在我提交这个项目之前，我想听听你们的想法。你们有什么问题或建议？"

团队成员很高兴他能询问他们的意见，也确实提出了一些问题，给出了一些建议，其中一部分成员质疑了这个计划的基本战略和结构。拉维对此采取了一种防御

> 避免过度坚持你的观点，为新的视角留出空间。

的姿势,他开始为这个计划辩护,解释他的项目设计为什么是正确的。过了一会儿,团队成员不再积极投入。一名成员小声对同事说:"如果他不能以开放的心态对待我们的建议,那他何必问我们?真是浪费时间!"

会议结束后,拉维觉得这次欣赏式探询实践彻底失败了。发生了什么?答案不在于拉维的问题,而是在于问题背后的东西。拉维在项目设计上花了几个月时间,他认为这就是最终设计。他预期自己从团队那里只会得到认可,询问他们的意见会令他们感到高兴。窃窃私语的团队成员们说出了问题所在:只有当我们抱有开放的心态听取回应并欢迎回应,哪怕是对我们提出质疑的回应时,这才会成为一个真正的生成性问题。

如果拉维对他们的回应抱有开放的心态,也许他会提出更多的问题梳理他们的想法和理念,从而改变或加强他所做的设计。例如,团队针对他的策略提出问题时,拉维可以这样回答:"再多讲讲你们的想法。关于我的提案,你们最喜欢哪方面?有什么改善建议?"得到的回答也许会展现出他未曾考虑过的理念,也许有助于他的团队了解新的信息,进一步改善他的策略。

拉维的情况并不罕见。如果我们在自己创造的事物或深信不疑的事物上投入了很多，我们会倾向于为之辩护。因此，在早期阶段提前邀请别人参与进来会很有用。想象一下，如果拉维在开始工作一周后就把最初的想法介绍给团队，对于同样的正向架构和生成性问题，他会有何反应？如果他还没有被自己的成果束缚，期待创造性的想法，他会乐于接受有价值的意见。这将成为一次完全不同的对话，很可能是值得进行的对话。

拉维的故事说明了意象和想法怎样影响我们对话的基调和方向。在这个故事的开头，他相信他的团队会赞成他的计划，这个信念阻碍了他以开放的心态接受别人对他的问题给出真实回应。拉维的经历并不罕见。我们与客户合作时发现，我们大多数人都在不断地计划、预测、考虑、担心、想象、思考、疑惑和假设。这些看似被动的活动会影响我们的期待，而期待会影响我们看、听、说的方式。因此，花点时间反思我们自己的想法和期待，有助于让我们对各种可能性保持开放的心态。

在我们的最后一个故事中，杰克抱有正向期待，他发现了正向问题的力量,以此开启与孩子们一起度过的有意义的时刻。

正向问题,正向结果

正向原则:问题的正向性和生成性越强,结果的正向性和持久性越强。

对于有孩子的人来说,杰克的故事非常普遍。很多父母希望能与孩子对话,谈谈孩子这一天过得怎么样,而他们的做法是提出简单的开放式问题:"今天上学怎么样?"杰克开始遵循正向原则之前,他的做法也没什么不同。杰克是一名制造厂经理,他与我们分享了一个比较私人的故事。有一天,他透露说:"每天晚上我都尽可能按时下班回家,送我的三个孩子上床睡觉,给他们盖好被子。我经常问他们这一天过得怎么样,学校有没有发生什么事。

> 今天发生的最棒的事情是什么?

我总是得到同样的答案：'挺好，没有。'"他耸耸肩说："一个孩子在学校里待了一整天，却说什么也没发生，这怎么可能？"然后他微微一笑："一天晚上，我向八岁的大儿子提出了一个更正向的问题：'今天在学校里发生的最棒的事情是什么？'"

"什么？"他的儿子因为这个不太一样的问题愣了一下。杰克又问了一遍。他的儿子想了一会儿，然后脸色亮了起来。他告诉爸爸，他们怎么解剖一条蛇，这有多酷。他还说，他们班赚到的阅读点最多，赢得了一次特别的比萨午餐。

杰克认为孩子们关于学校是有故事可讲的，但他之前没能让这些故事展现出来。他感到很高兴，因为他的正向问题改变了他和孩子们对话的基调和方向。他从这次对话中学到了很多，发现了让孩子们参与对话的新方法。这最终促使他在制造厂里试着向员工提出这样的问题，同样也取得了成功。

正向原则（有时称为生成性原则）是这样一种理念：我们的问题和评论越是正向，我们的行动和潜力也越是正向。大胆的生成性问题，比如杰克的问题，会激发出强烈的肯定性意象。研究表明,我们会自然而然朝向这些问题所激发意象的方向移动。[8] 正因如此,我们应该尽可能提出生成性问题。如果我们仔细看看本章中的每一个故事,就会发现值得进行的对话最终取决于人们怎样架构或理解当前状况以及每个人提出的问题:

- 艾莉莎:"告诉我,在你负责的每个领域中,你觉得自己什么地方表现最佳?"
- 维蒂特女士:"他的长处是什么?他什么时候对学习最投入、最兴奋?"
- 维蒂特女士:"下次如果需要我更清楚地重复一遍,你能不能说些或做些什么告诉我这一点?"
- 加布里埃拉:"是否有教员愿意参加你的项目?"
- 丹尼尔:"回忆一下,当你们站在横梁上,作为一个团队开始穿过沼泽。真令人兴奋!你们做了些什么,让自己能留在横梁上,并且作为一个团队行动?"
- 杰克:"今天在学校里发生的最棒的事情是什么?"

表4.2总结了这五项原则。

表 4.2 欣赏式性探询原则总结

原则	原则的本质
建构主义原则	・我们通过分享对话共同构建我们的社会现实，然后我们的社会现实又会影响我们的讲话方式。 ・如果我们改变一起交谈的方式、我们提出的问题，诸如此类，我们也就改变了当前的现实。 ・语言创造世界。
同步原则	・变化就发生在我们提出问题的那一刻，或者我们发表评论、开始对话的那一刻。 ・探询就是干预。
诗意原则	・世界上存在多种视角以及多种了解和理解的方式。我们怎样理解一种状况或一个人，我们怎样讲述与之相关的故事，这些会影响一切。 ・你可以选择怎样看待事物。
预期原则	・我们朝着我们的想法和意象的方向移动。 ・我们所关注的事物会进一步扩展。 ・我们期待看到什么，就会看到什么；我们寻找什么，就会找到什么。
正向（生成性）原则	・我们提出的问题和探询的内容是生成性的。问题的正向性和生成性越强，结果的正向性和生成性也就越强。 ・正向意象和正向行动产生正向结果。

注：关于欣赏式性探询的五项经典原则，更多信息可参见欣赏式探询公共资源，https://appreciativeinquiry.champlain.edu/learn/appreciative-inquiry-introduction/5-classic-principles-ai/。

我们所说和所做的每一件事，都在推动着我们和我们周围的人。我们的基调和方向受这五项原则支配，进一步影响对话。下次当你发现自己正处于一次对话中时,花点时间思考是什么正在驱动这次对话。这是出于欣赏式还是贬低式的框架?你的期待是什么?你是否愿意挑战自己的假设,在足够长的时间里保持开放和好奇的心态,对可能发现的东西感到惊喜?如果答案是肯定的,你就走在了正确的轨道上,有望成为值得进行的对话的驱动者。

在下一章中,我们将探讨如何正式应用这两项实践和五项原则,促进人们发挥有成效、有意义的作用,实现组织和社区的变革。在系统层面上,你可以应用一种正式的被称为 5-D 循环的欣赏式探询方法,围绕重要的关键主题发起值得进行的对话。

第五章
推广精彩的对话

太上,下知有之;

功成事遂,百姓皆谓我自然。

——老子

想象一次富有成效的、值得进行的对话，你会假设有多少人参加这次对话？也许你靠直觉就能得出我们从研究中得到的结果：如果人数超过 8~12 人，你不可能进行一次真正有意义的对话。我们知道，值得进行的对话会为人们带来鼓舞和激励。我们也知道，这种对话是有成效、有意义的。想象一下，如果我们能与整个系统一起进行这样的对话，组织和社区能发挥出怎样的潜力？

事实上，在美国的克利夫兰和丹佛等城市以及尼泊尔和智利等国家中，这种潜力已经显现了。不同于前面所述的研究结果，这些全系统层次的对话同时发生在 50 人、100 人，甚至 4500 人

> 组织是由人们及其对话构成的。

之间。这种对话也发生在全世界成千上万的组织中，包括谷歌、埃森哲（Accenture）、威瑞森（Verizon）、澳大利亚的澳新银行、绿山咖啡、纽崔门托（Nutrimental）、比伯县学校（美国佐治亚州）、克拉克集团（Clarke Group）、美国海军、克利夫兰诊所、世界宣明会（World Vision）美国联合之路（United Way of America），以及联合国全球契约（United Nations Global Compact）。[1] 费尔蒙特·桑特罗（Fairmount Santrol）是我们最喜欢的组织之一，它在超过15年的时间里应用欣赏式探询让人们参与有价值的全系统对话。[2] 其首席执行官珍妮弗·德卡德（Jennifer Deckard）最近分享了以下内容：

我们的事业因欣赏式探询而蒸蒸日上。欣赏式探询具有感染力，其原则对于我们的员工来说意义重大。我们在日常会议、战略会议、年度报告、创新和企业文化中将欣赏式探询付诸实践。从家里到公司，欣赏式探询无处不在，助我们一起努力解决复杂的问题。[3]

也许很难想象在系统层次进行一次精彩的对话。但事实上，这是有可能实现的，因为欣赏式探询实践是一个结构化的过程，推动人们进行值得进行的全系统对话。这个过程称为欣赏式探询5-D循环，以5个阶段来命名：定义（Define）、发现（Discover）、梦想（Dream）、设计（Design）和部署（Deploy）。让我们来看看应用这个过程催化国外一家创业企业时发生了什么。

杰拉德·克鲁伯是一家德国汽车供应商的总裁。这家公司面临着来自原始设备制造商（Original Equipment Manufactor，OEM）和美国供应商日益严峻的挑战。此外，这家公司还需要进一步明确方向、加强客户关系以及提高盈利能力。他们的解决办法是在美国密歇根州建立第二家技术中心，从而更接近汽车OEM。杰拉德确定这种做法能够满足客户的多重需求。但他知道这项任务并不轻松。他拥有一支才华横溢、充满奉献精神、工作勤奋的团队，团队成员一次又一次地和他一起承担风险。他想请德国技术中心的成员和家人一起搬到美国，这是一项大胆的举措。

出于两个原因，杰拉德选择了埃里奇作为领导这次搬迁的项目经理。埃里奇有能力进行跨越孤岛的协调。

这种能力很重要，因为技术中心的管理、技术、市场营销和研发团队目前合作不佳。埃里奇不得不又雇用了几名美国雇员，建立统一的团队，制定获胜策略，从而促进业务发展。在德国的过去7年里，埃里奇已经证明了自己有能力领导产生冲突的团队进行有意义的对话，进一步取得双赢的结果。

搬迁团队来到新地点后，在30天内完成了开业，同时预计总部会为他们发来策略规划。就像人们通常所见的情况，搬过来的人带来了原本的办公文化。他们重现了之前工作场所的习惯和氛围，忠于他们的职能团队。但对于新雇的美国职员来说，在那种氛围中找到自己的位置成为一项挑战。一般来说，没有人想到要把信息或计划分享给自己的小团队之外的人，也很少出现跨越鸿沟的对话。即使有，往往也是批评性和破坏性的。

同时，埃里奇知道他不能等公司告诉他们做什么、怎么做。埃里奇几年前参加过一次欣赏式探询的职业发展研讨会，他计划基于此前所学将不同的团队合并为一个协调合作的团队。他希望他们共同努力，为整个组织提升现有业务、推动新增业务。他计划通过改变团队成员之间对话的基调和方向来实现这一点。为了启动这项工作，他让所有人参与一次全中心范围的对话，应用5-D 循环设计一个战略计划。

埃里奇知道 5-D 循环可以帮助他充分利用团队的知识和经验，创造出前所未有的变化。这种应用正向架构和生成性问题的更正式的方法，可以让整个技术中心团结一致，消除孤岛，形成共同的愿景和计划，从而实现技术中心的目标。因为架构对于系统对话来说，就像对于一对一互动或会议那样重要，埃里奇知道关键在于了解参与创建这一框架的每个不同的领域以及两个国家的视角。于是他集合了每个领域的一名代表，组成一个六人核心团队。当他们参与计划这项活动时，他所做的第一件事情就是解释欣赏式探询和 5-D 循环。[4]

5-D 循环概述

埃里奇在与核心团队的第一次会议上，以这段话开头："我们大多数人都希望继续创建一家卓越的公司，在工作中受到启发，做出有意义的贡献。如果我们都能自由创新，为产品、服务和流程创造新的可能性，将有助于为我们的组织塑造出光明的未来。关于怎样才能实现这样的未来，如果我为你们介绍一种理念，你们是否愿意和我一起使之成为现实？"

他接着告诉他们，他在欣赏式探询方面有一定经验。他讲了几个其他公司应用欣赏式探询的故事。核心团队似乎对这个过程很感兴趣、充满好奇。然后埃里奇为他们介绍了 5-D 循环（见图 5.1），并解释每个 D 代表什么。他解释道："在循环的每个阶段，我们都会参与值得进行的对话，产生有意义的信息，为我们的团队与合作创造出可能性。我们通过这些对话确定我们的长处和价值，为我们共同的未来创造正向意象。我们也将设计实现这一未来的途径，并共同决定如何将这些解决方案付诸实施。"

埃里奇指出，一般情况下由专业团队引导师引导组织成员实践 5-D 循环，让所有利益相关者自由参与对话。他补充道："既然我接受过关于这个过程的培训，那么我希望我们先在没有引导师的情况下试一试。我参加的欣赏式探询研讨会教练说，她可以作为旁观者辅导并支持我们。我们这个群体很小，只有 34 个人。我想我们可以一起完成这个过程。你们愿意参加吗？"

```
                    定义
                  "肯定性任务"
                  任务是什么？
                   正向架构

    部署                          发现
"执行、学习和即兴行动"            "最好的是什么"
  授权行动的是什么？              赋予生命的是什么？
      实现                           欣赏


      设计                          梦想
   "确定理念"                   "想象有何可能"
   应该是什么？                  可能是什么？
     共同建构                        想象
```

图 5.1　欣赏式探询 5-D 循环

市场营销代表回答说："我喜欢你的热情，但我其实不明白你想让我们做什么。我不知道我要同意的是什么。"技术代表玛莎尖锐地补充道："我不知道 34 个人怎么进行一次'有意义的对话'。"

"很棒的问题！"埃里奇回答，"首先，大多数对话在大概六至八人的小群体中进行。小群体分享并融合了他们的理念之后，较大的群体开始对话。对于我们要做的事情来说，应用这种5-D循环非常简单。"然后他简要说明了5个D分别是什么以及这个循环怎样运转：

1. 在定义（Define）阶段，核心计划团队将应用正向架构说明我们进行探询的任务或重点，并制订将在发现阶段提出的生成性问题。

2. 在发现（Discover）阶段，我们将基于定义阶段提出的问题进行一对一的访谈和小群体讨论。这个阶段的目的在于确定我们的长处（这是我们系统的正向核心）以及我们未来的目标和可能性。

3. 在梦想（Dream）阶段，我们将创造关于未来的共同意象，以富有创造力和想象力的方式展现出来，写出愿景描述。

4. 在设计（Design）阶段，我们将针对朝向愿景前进的道路建立原始模型，充分利用我们的正向核心，始终专注于我们的使命。

5. 在部署（Deploy）阶段，我们将进一步发展原始模型，采取一种学习者的心态。这有助于让我们朝向期待的未来进化。我们将在不断前进的同时学习和适应，并继续参与值得进行的对话。

埃里奇问大家还有没有问题。销售代表约普问道："哪些人将参与这些对话？"埃里奇回答："我们全体34个人都参与到同一组对话中，怎么样？如果我们希望成为团结一致的团队，我们最好作为一支团队来发现我们的长处、创造共同的愿景、规划我们的未来。你们不这样认为吗？"每一位代表都对埃里奇竖起了大拇指。冒险即将开始！

定义阶段：架构任务并制定生成性问题

埃里奇在第一次会议结束时，请核心团队成员们思考一下，为什么使用这种方法对他们来说很有价值。在下一次团队会议上，埃里奇以这个问题开头："如果让你们思考应用这种方法有何好处，你们想到了什么？"每一位代表都给出了不同的回答。埃里奇听到的答案包括：

- 我喜欢这个理念，它启发我们共同努力，让这个中心成为一个整体。
- 我回去和我的团队分享了我们交谈的内容，他们真的很喜欢这个理念。对于共同参与创造我们的愿景和计划，他们感到兴奋不已！
- 我认为这会为我们的工作方式带来变革和正向影响。现在是时候向所有人展现我们积极的一面和长处了！

团队成员们讲话时，围坐在桌边的人纷纷点头。埃里奇笑了。他知道，让所有人对于为什么要应用这种方法达成共识非常重要。他对团队提出下一个问题："对于我们对话的结果，你们最大的希望是什么？"埃里奇在他们回答时注意到他们提到了：

- 团结；
- 一致；

- 协作；
- 这样的团队将为我们的公司和客户带来前所未有的业绩增长；
- 共同的目标、方向和策略。

他很高兴他们列出了他希望看到的一切。埃里奇又提出一个问题："我们知道我们的企业目标是通过销量增长实现企业发展。为了做到这一点，我们需要应对哪些挑战或解决哪些问题？"他再次关注他们的意见，发现成员们认为存在以下问题：

- 没有人明确了解我们的目标是什么；我们没有使命。
- 我们不知道我们正前往哪里。我们没有愿景！
- 关于我们要做什么、怎么做，没有计划也没有指示！
- 我们从未作为一个团结一致的团队工作；我不确定我们是否知道该怎么做。我们合作得不太好。
- 我们并不了解彼此的长处，更不用说互相欣赏。

每个人都清楚，他们需要目标和方向。埃里奇这样架构他们的下一次对话:"我们知道总部想要什么:通过新老客户的销量增长来帮助企业发展。其实我们只需要知道这一点就足够了。如果说我在生活中学到了什么,那就是人们对于自己参与创造的东西会积极投入。让我们别再等总部的指示吧——让我们来创造我们自己的使命、愿景和战略规划!"核心团队干劲十足。"我们从哪儿开始?"研发代表问。

"我们从创造一个正向框架开始,"埃里奇回答,"这意味着为我们的战略规划会议理清任务。确定一项肯定性任务对我们来说很重要。这意味着要明确我们的需求是什么或者我们更大的需求是什么,以便实现企业的目标。"埃里奇介绍了翻转的概念,引导核心团队进行正向架构。他请这个群体确定妨碍他们实现持续增长的核心问题。团队列出了核心问题:

- 命名:作为一个中心,我们没有计划,也不知道我们要去哪里,所以我们无法实现良好合作。

这个团队首先一起确定正向的对立面,然后创造出正向架构或肯定性任务：

- 翻转/正向的对立面：我们有了一个计划，我们知道我们要去哪里，我们合作良好。
- 架构/肯定性任务：我们是一个高绩效中心，拥有一个充满活力的团队、一个愿景、一个共同使命以及一项计划。

核心团队看到这个框架后，对于未来的可能性感到十分兴奋。埃里奇建议说："为了一起完成这项任务，要确保我们理解了成为一个团结、高绩效的团队所需的正向核心。我们也需要符合信念的使命和愿景以及实现使命的计划。你们觉得呢？我们还需要在这次会议中取得哪些实质性成果？"核心团队一致同意这就是他们所需要的一切。

埃里奇解释说，这个阶段的下一步是确定问题，这些问题将展现出高绩效团队合作的正向体验，关注员工的长处、中心目标，以及支持中心目标成为一个团队的

> 我们的对话中体现出文化与氛围。

价值观。这将理清他们的正向核心。他们需要确定两组问题。第一步是思考引导一对一访谈的问题。埃里奇为他们介绍一组经典的欣赏式探询访谈问题，帮助他们考虑需要确定的问题（参见表5.1）。

表5.1 欣赏式探询的五个经典问题

前三个问题集中于目前最好的是什么。	1. 你认为自己在组织中的最佳经历是什么？ 2. 对于你自己、你的工作以及你的组织，你最重视的是什么？ 3. 是什么为你的组织赋予了生命？
下一个问题集中于可能发生什么，或者说未来的可能性。	4. 想象一下三年后，在你的组织中，一切你以为可能发生的事情都实现了。发生了什么？情况是怎么改变的？
最后一个问题有助于切换到可以变得怎样。	5. 为了确保组织健康和有活力，你会提出哪三项希望？

核心团队研究了很长时间，非常谨慎地确保这些问题是正向架构的，从而引出有助于团队发现自身真正潜力的故事和对话。这些问题也需要帮助他们进一步了解这个组织，并仔细思考他们的最终目的。他们最终的访谈指南中包含这五个问题：

1. 描述在技术中心或组织中作为团队工作的一次最佳

经历——你感觉作为团队成员最有活力、最投入的那一次。

2. 对于你自己、你的同事以及这个组织，你最重视的是什么？

3. 当我们的中心处于最佳状态时，赋予它生命的核心因素是什么（我们的长处）？没有这个因素，这个中心就无法处于最佳状态。

4. 想象一下，从现在开始三年内企业飞速发展。描述一下我们怎样作为一个团队共同努力，怎样使技术中心为企业的成功做出贡献。我们已经成功创建并启动了哪些业务部门、技术产品或工艺创新？

5. 为了加强我们的中心或企业本身，你会提出哪三个愿望？

埃里奇解释说："在一对一访谈之后，我们将组成六至八人的小组，由访谈者分享搭档故事中的最佳部分，而非他们自己的故事。这将鼓励人们倾听并理解彼此，有助于建立正向的人际关系。我们的下一项任务是设计对话。我们需要仔细组织这些对话，让各个小组可以从访谈中梳理出重要的主题和理念。"核心小组给出了以下说明：

1. 发现。分享你的搭档对问题1的回答的重点，以及问题2和问题3在你看来最突出的地方。捕捉其中的理念并介绍给所有人。在每个人都与大家分享之后，成员们作为一个群体围绕从中得出的关键主题进行对话，确定关键价值观以及长处。

2. 发现。基于我们的核心价值观和长处，写个简短而且有针对性的使命描述。

3. 梦想。分享你的搭档对于技术中心三年后的愿景。在你看来最激动人心或带来启发的是什么？分析每个人的理念并介绍给其他人。在每个人都与大家分享之后，围绕我们的未来进行一次对话。为科技中心创造一个共同愿景。

4. 梦想。你的搭档的三个愿望是什么？分析这些愿望并介绍给所有人。

在这次会议之后，核心团队成员对于即将召开的战

第五章 推广精彩的对话

略规划会议进行了定义，他们感到非常开心。埃里奇告诉他们，在下一次会议上，他们将为会议设定日期、设计流程。

核心团队第二周再次集合，埃里奇解释了在这次会议上怎样进行余下四个 D：发现、梦想、设计和部署。这是定义阶段的最后一次会议，重点在于设计议程、应用其余四个阶段，以及针对较小群体的对话和计划给出进一步说明。他们继续制定了组织工作计划、划分责任，会议结束时都干劲十足，准备去激发自己团队中其他成员的热情。

来具体了解一下他们的战略规划会议：全体 34 名员工齐聚一堂，进行为期一天的战略部署规划会议。[5] 埃里奇的开场白如下：

我们的企业投入巨资，让我们所有人搬到密歇根这里的办事处，以便更接近我们的关键客户，让我们为推动我们的组织进一步发展负起责任来。

我们无法保证明天就有生意，生意不会在门口等着我们，只有我们自己现在来到了这里。在过去 60 天中，我清楚地意识到，创造我们的未来是属于我们自己的机会和责任，不要再等企业来告诉我们要做什么。

我们必须认识到，被供应商选中是我们的荣幸，我们有责任把工作做到最好以实现这一目标。今天，我们要找到中心的长处——我们最擅长什么。我们将制定使命描述和指导愿景，启发我们明确目标和方向。这次会议结束时，我们将了解到我们最擅长什么、怎样实现最佳合作以及我们能提供哪些独特的价值，从而可以更深入地挖掘我们的核心长处，创造机会并设计战略目标，制定一个具有可衡量结果的合作行动计划，从而共同实现美好未来。

今天，我们这支团队要负责约6000万美元的企业年收入。明天，让我们成为带领这家企业登上行业顶峰的团队。

我们需要发挥创新精神，互相激励并采取行动。让我们一起创造一个高绩效中心——一个充满活力的团队、一个愿景、一个共同计划。你们是否愿意参与其中？

第五章 推广精彩的对话

发现阶段：欣赏赋予生命的事物

这次会议应用核心团队精心设计的问题，从一对一访谈开始。为了跨越孤岛建立人际关系、彼此了解，核心团队要求成员们选择不认识或不常合作的人组成二人搭档。一对一访谈之后，三对访谈搭档组成一个六人小组。在发现说明的指导下，人们介绍了访谈搭档的故事，描述了对他们来说最重要的是什么，以及这项任务的关键概念和理念。然后，每个小组确定这些故事中的共同主题，并起草一份使命描述。每个小组在大组中介绍他们的主题和使命描述。大组对主题进行分类，选择他们认为可以构成团队正向核心的主题，从而形成一个有统一计划和统一愿景的团队。午饭时，一个小群体把这些使命描述中的理念融合成一个描述。

埃里奇和核心团队成员可以感受到房间里人们的兴奋；人们的干劲是显而易见的。人们跨越孤岛彼此交谈，互相了解，确定一些重要概念，以增强自身的能力，并帮助中心蓬勃发展，同时也为组织成功做出贡献。会议中的发现阶段展现出以下价值观、长处和使命，所有这

些预示着这家中心将成为一个高绩效的统一团队:

价值观:奉献、灵活性、创造力、创新性、团队精神、持续沟通。这些价值观代表着我们将怎样通力合作。

长处:

1. 适应性:高度灵活地应对变化和挑战。
2. 专注于客户:"这就是我们搬到这里的原因。"我们将继续为客户提供超出国内外客户期望的产品和服务。
3. 强大的产品核心:我们可以提供独特的优化密封剂和黏合剂。
4. 一流的员工:我们的员工能力很强,在自身领域中紧跟最新趋势。

基于六项核心价值观和四项长处,四个团队一致同意以下使命描述:

我们是一个专注、灵活的团队,针对您的产品规格设计、开发、提供高性价比和创新性的汽车工程、密封剂和黏合剂解决方案。我们拥有高素质的员工,在安全的工作环境中完成工作。

房间里一阵窃窃私语,人们在讨论这种做法的肯定性和启发性,以及他们与自己并不了解的人进行了多么精彩的对话。埃里奇介绍了议程中的下一项活动:梦想。他解释说:"我们不需要识别弱点和威胁,因为我们本来就知道。那就是我们搬迁的原因。我们需要制定一个计划,通过愿景激励我们每个人支持我们的客户和潜在客户的需求和预期需求。这要从勇于梦想开始!"

梦想阶段:想象可能发生什么

在梦想说明的引导下,各个小组应用并放大他们的正向核心,创造出共同的未来意象。他们的对话集中于可能发生什么,想象一个处于最佳状态的组织、理想的高绩效中心团队以及所有成员都能茁壮成长的社区。想象一个期望中的未来并创造出文字意象,使人们从习惯性地运用抽象思维转为追求充满创意的可能性,从而自由探索共同的愿景。

核心团队设计这项活动是为了加强娱乐性、启发灵感。各个小组创作了短剧和海报，让所有人对新的合作方式产生有形的感官理解。各个小组也分别写出配有视频的文字描述。这些愿景描述简明扼要、引人注意、积极肯定、鼓舞人心。

在表演期间，整个房间充满了欢笑、兴奋和潜力。为了向代表整个团队的共同愿景前进，他们进行了一次愿景散步。在这项练习中，每个人都回顾了之前的意象和视觉描述，然后把圆点粘贴在最能产生共鸣的愿景描述上。午餐期间，第二个小组把投票较高的愿景融合为一个意象和视觉描述，由整个群体确认：

成为全球领先的企业，提供一流的汽车工程、密封剂和黏合剂解决方案，提供超出客户期望的卓越客户服务。

这个阶段促使人们活力十足、团结协作，于是参与者们在午餐后进入设计阶段。他们将在这个阶段确定通过怎样的战略和行动使愿景成为现实。

设计阶段：共同建构"应该是什么"

午饭后，团体一起进行了一次"画廊散步"，欣赏之前创造的所有内容。他们的任务是确定哪些理念令他们产生共鸣，哪些机会激发了他们的热情。然后，他们寻找可能的做法：为了实现梦想而采取的策略和行动。人们围绕这些可能的做法自行组成一些小组。他们所做的第一件事情就是围绕这些主动采取的行动能为公司做出怎样的贡献写出具体描述，从而探索可能的做法。接下来，他们设计了一个原始模型。从一个原始模型开始，可以让人们认识到自己不必等待谁的许可，也不必在提出理念之前确保绝对正确；相反，他们可以在会议上设计和测试自己最初的想法。核心团队通过一些精彩的问题启发小组设计对话：

- 我们怎样才能轻松实现这一目标？
- 目前，我们可以和同事们一起迅速设计和测试哪些东西？

- 关于我们怎样实现这一目标，我们希望讲述什么样的故事？
- 如果我们只为了这一个目标创建一项业务，应该是什么业务？提供什么产品或服务？

其中一个小组的技术人员笑着说："这就像一次编程马拉松。"如果她的意思是这项活动要对当前的行为和思考方式进行"编程"，从而为创造力和创新性腾出空间，那她说得没错。

全体人员一起分享原始模型时，埃里奇对于这个过程中展现出的创造力和知识点感到应接不暇。有个团队创造出新的销售拜访流程，在从产品设计到产品交付的每一个团队之间架起了桥梁。另一个团队创造出一个创新流程，将潜在客户带到技术中心，让他们亲自看到公司怎样开发客户定制解决方案。在每一次介绍之后，埃里奇会请其他成员给出正反馈——这是核心团队介绍的一个新概念：你喜欢这个原始模型的什么地方？你有什么建议能使它变得更好？

这一天即将结束。设计阶段取得的成果是为采取行动做好准备。全体成员将在 5-D 循环的下一阶段实现这些原始模型并开始执行任务。

部署阶段：逐渐开始授权行动

每个小组聚在一起针对如何交付或部署原始模型进行一次最终对话。他们制定了书面计划，确定了通过哪些行动让原始模型成为现实。最后，埃里奇回顾这一天，对于成果感到激动不已。他对计划团队表示感谢，明确提请大家注意：团队在整个设计过程中多么谨慎地应用了正向架构和生成性问题。他花了一点时间与所有人分享这两种实践方法，鼓励他们在推动计划实施、共同努力实现目标的过程中继续进行精彩的对话。然后他请在场所有人大致描述一下今天发生的最好的事情以及他们承诺采取的行动。

随着人们在会议结束后投入日常工作，部署阶段继续进行。那一天，人们认识到了一种全新的对话方式。跨越孤岛形成的人际关系进一步巩固，人们对于彼此、对于共同愿景所做出的承诺进一步加强。核心团队会继续支持这些愿景和使命，保证这些原始模型能够获得进一步发展所需的支持和资源。

埃里奇向德国的杰拉德汇报说："为了创造中心的使命、愿景和战略计划而进行的对话超出了我的预期。在这个新的技术中心里，各个不同的部门之间不再存在壁垒。我猜，这是因为人们一起创造了共同的目标、愿景和行动计划。我们迫不及待想要开始实施我们的计划！"所有人的想法都得到了倾听，所有人都属于利益相关者。

计划启动后，技术团队在90天内就看到了效果：生产效率、销售业绩和沟通质量得到了提升。这个新中心的士气已达到历史最高水平，而且出现了仿佛"远离大本营的家园"一般的正向感受。人们的想法以团队为基础，心态以结果为导向，注重持续改进。成员们之所以能够如此成功地按照计划会议的成果采取行动，是因为他们在合作过程中致力实践正向架构和生成性问题。

公司所有部门第一次基于所有员工的见解，而不仅仅是基于几名高级领导者的见解制定了战略计划。杰拉德十分关注结果。他打电话问埃里奇："这次搬迁项目取得成功靠的是什么？"埃里奇停顿片刻后回答说："我想是因为我们的战略对话具有包容性。每个人都很重要。对话的重点集中于我们怎样才能使这件事取得巨大的成功。人们受邀分享他们的最佳自我。这些对话会带来动力，让他们成为一个团结、胜利的团队。每个人都知道我们可以完成这些任务，因为这是他们共同创造的任务！"

杰拉德接着问："埃里奇，你能不能回公司教我怎样进行这种类型的对话？我们需要激发组织中每个人的潜能。"埃里奇微笑着回答："我很乐意。我很容易就能把正向架构和生成性问题教会你，帮你进行有意义的对话，也许指导一个部门进行计划会议也不难。但如果打算让整个组织尝试这种做法，我想我们需要一位专业的欣赏式探询引导师！"

表 5.2　欣赏式探询 5-D 循环：阶段和活动

5-D 循环阶段	活动
阶段 1：定义	1. 架构任务。 2. 制定访谈指南和进行小组讨论（生成性欣赏式探询问题参见表 5.1）。 3. 设计怎样实施阶段 2 到阶段 5。

续表

5-D 循环阶段	活动
阶段2：发现	1. 使用指南进行访谈。 2. 进行小组分享和分析故事，识别正向核心、机会和可能性。
阶段3：梦想	1. 基于正向核心展望未来。 2. 创建能够激活你的感官和想象力的共同意象。 3. 制定与视觉意象一致的文字意象。
阶段4：设计	1. 为实现梦想寻找可能的做法。 2. 具体描述可能的做法。 3. 原始模型快速成型。
阶段5：部署	1. 制定行动计划。 2. 赢得支持和承诺。 3. 采取行动。 4. 进入原始模型和学习的循环。 5. 对于取得的进展，衡量其价值（而非进行评价），并探询是什么使之成为可能。

埃里奇应用这个过程相对容易，原因在于他对两项基本实践有着实用性理解，一向关注欣赏式探询原则，对5-D结构化方法有过体验，再加上他的欣赏式探询教练会给出指导。表5.2总结了埃里奇和他的核心团队为技术中心所做的工作。你也可以在自己的单位或部门中这样做。要记住是什么为埃里奇带来启发。他认为中心全体人员都应对变革负起责任来。他意识到，组织是由人

们及其对话构成的。人们以一起交谈与合作的方式创造出组织的文化和氛围。当你邀请人们围绕共同的未来进行有成效、值得进行的对话，为整个系统承担起责任时，真正的组织性变革就此开始。

组织和社区是社会建构的系统。人们设计了现有的结构、过程、工作流程和方针，所以，要确保这些系统能够支持你取得想要的结果。5-D 循环使人们能够一起合作，识别和提升系统的最佳状态，不断创造出可能实现的最佳状态，并设计怎样实现，这往往意味着改变结构和系统。如此一来，人们会精神振奋，对组织或社区的未来正式担起责任来。为什么呢？你会在下一章中找到答案，了解到应用正向架构和生成性问题的实践怎样对我们产生影响，支持我们的工作和我们的整个生活。

第六章

这不是魔法,是科学

不管别人怎么说，文字和思想可以改变这个世界。

——南希·H. 克莱恩鲍姆

如果本书故事中所讲述的我们的客户、家庭和同事的经验并没有说服你相信值得进行的对话中存在魔法，也许超过27年的科学研究取得的证据有助于解释正向架构和生成性问题怎样促使人们发挥出人类天性的最佳一面。这项研究分为3个不同的领域：新科学[1]，正向意象/正向行动，以及正向心理学。[2]研究结果指出了应用语言激发正向情绪、正向意象和正向行动的重要性。科学告诉我们要遵循80/20法则（保持80%的正向情绪和意象，20%的负向情绪和意象）有助于我们在个人、团体和组织层面上追求幸福和卓越。[3]我们从新科学开始介绍，它已有25年历史，其实也不是那么"新"。

新科学

一旦我们掌握的技术可以看到人类大脑和身体内部发生了什么,新科学就此出现。这些技术让我们看到我们的神经生理学在不同条件下会发生什么。人们进行对话时,科学家应用功能性磁共振成像(functional magnetic resonance imaging,fMRI)可以看到在不同条件下大脑的哪些部分会亮起以及大脑化学物质发生了什么变化。神经性大脑研究表明,强烈的信念和意象会切实改变大脑化学物质。[4]这也说明大脑化学物质会影响我们对特定刺激的反应。

例如,蒂莫西是一家小会计师事务所的会计,最近他和他的老板发生了一场争吵,他相信自己马上就要被解雇了。他也知道,如果没有他的收入,家里还不起抵押贷款。这些想法创造出一种神经系统的"预设",因而当他的妻子建议他们出去吃饭时,他会产生负向反应。如果他和老板之前发生的事情让他相信自己马上就能加薪,他会很乐意和她一起出去吃饭。这些知识为我们打开了一扇门:我们可以通过控制大脑化学物质,在面对各种可能令人激动的情况时更好地做出反应。正是出于这个原因，洛杉矶警察局的缉毒特别工作组接受了针对缉毒行动的特殊训练。

特别工作组正准备进行一次缉毒行动。工作组成员已就位，肾上腺素大量分泌，随时准备收到信号冲进大楼。队长打了个手势，但没有人动。相反，每个警察都开始慢慢地呼吸，回忆他们曾经深感欣赏或感恩的时刻。他们回忆当时的意象、对话，尤其是感受。在这短暂的实践之后，队长点了点头，特别工作组冲进大楼。他们破门而入，没开一枪就制服了在场所有人。逮捕行动取得成功。当时的情况和他们的信念并没有发生变化，但他们冲进去之前（架构之前）的实践改变了他们的大脑化学物质。这种变化使他们可以更好地应对自己即将面临的紧张局势。

警察们实践的是从美国心能研究所（HeartMath）学到的一种技巧，这项实践以神经学研究为基础。[5] 研究所发现，正向意象加上回忆正向体验，可以让神经系统进入协调状态。协调状

> 正向情绪能够让我们增加和增强自己的能力。

态下产生的大脑化学物质会更完整地进入大脑皮层，所有的推理和批判性思考都在大脑的这个部分进行。在进行这项训练之前，警察在准备开始缉毒行动时，肾上腺素以及混乱和暴力的意象所产生的大脑化学物质协调性弱、反应性强。这往往会导致情况更加混乱，更可能出现暴力行为，甚至枪击和死亡。警察处于协调状态下可以更好地评估现场状况，做出适当的反应。

至于对话，人们一般认为批评性或破坏性的对话最可能带来威胁。威胁会改变大脑化学物质，将更多的氧气和营养输送到大脑中负责保护我们的安全的那部分。我们越是恐惧，用来支持我们战斗或逃跑的氧气越多，大脑皮层得到的氧气也就越少。如果我们有着强烈的安全感、联系感和归属感，情况就与此相反：氧气和营养物质会流向大脑和神经系统的所有部分，支持我们做出优秀的表现。正向架构和生成性问题激发出的大脑化学物质使人们能够在生活和工作中最充分地展现自己的能力，我们在任何人际关系、组织或社区中都渴望做到这一点。

美国心能研究所的研究表明，回忆那些自己欣赏和感激的经历能够最有效地产生协调状态。⁶当我们正向架构一次对话或者向别人提出生成性问题时，事实上，我们会激发参与对话的每一个人进入协调状态。而且，如果我们遵循正向原则，提出强有力的生成性问题，我们也会启发出大胆的正向意象。那么，关于意象的研究告诉了我们什么呢？

正向意象/正向行动

如果你觉得洛杉矶警察局缉毒特别工作组的故事令人印象深刻，也许是因为它在你的脑海中创造出一个意象。有研究证明，意象很有说服力。我们会朝自己脑海中的意象前进。⁷针对大脑的研究表明，我们通过大脑的不同部分处理语言，需要整个大脑一起发挥作用才能理解语言（参见图6.1）。意象在右半脑处理，抽象概念在左半脑处理。⁸胼胝体连接两个半脑，它使我们能够理解既包含抽象词又包含形象词的概念。

令人印象深刻的是，意象往往会战胜目的和理解。如果老师说："不要在大厅里奔跑！"孩子们一般能明白老师的意思。然而对某些孩子来说,"在大厅里奔跑"具有压倒性的吸引力。于是他们开始奔跑,老师在他们后面目瞪口呆。这就是为什么更有效的做法是,告诉孩子们你希望他们做什么,而非你不希望他们做什么。老师如果说"请慢慢走",效果会更好。这会成为一个同样有吸引力的意象。

图 6.1　左脑/右脑神经处理中心

绘画:卡琳·布朗内尔·汉娜(Caryn Brownelle Hann), Graphic Facilitation and Illustration, www.carynhannagraphicfacilitator.com。

注:图中左侧英文从上到下意为左、线条、要素、文字、逻辑、分析,右侧英文从上至下意为右、想象、情绪、艺术、随机、全局。

第六章 这不是魔法，是科学

右半脑不了解幻想与现实的区别，一个意象就只是一个意象而已。现在很多运动员和教练正是受到这些研究的启发，将可视化整合到训练中。事实证明，把50%的训练时间用于想象一次完美的罚球，要比花100%的时间练习罚球效果更好。[9]正如苏雷什·斯里瓦斯塔瓦（Suresh Srivastva）和大卫·库珀里德（David Cooperrider）所说："我们意识到，正向意象的力量不仅仅是一些受欢迎的幻觉或愿望，而是通过思想塑造现实的能力。"[10]这与团队和组织领导者高度相关。

共同意象可以成为一种强大的行动驱动力。就像你在第五章中读到的，在梦想阶段，埃里奇和他的技术中心团队有意识地创造出一个共同愿景，这有助于建立一个团结统一的团队，所有人都为同样的成果而努力。意象也是正向架构和生成性问题的核心。正向原则同样应用了意象的力量。强有力的正向问题会生成意象，促使我们采取行动。

在这样的前提下，从逻辑角度和实践角度都应该有意识地把对话的重点放在你想要的事物上。很多时候，把对话的重点集中在问题上是划不来的，因为相关意象并不能让我们远离这个问题。与此相比，应用正向架构和生成性问题的实践创造出的意象是我们的目的地和我们希望实现的目标。这样的对话会生成强有力的正向意象，会促使我们朝期望的成果前进。这些对话属于值得进行的对话。

正向意象会影响我们的未来，这其实不是什么新理念。不同学科的研究都表明，正向意象会使个人、团体和组织做出正向行动。也许你对这些研究领域都很熟悉：

· 安慰剂效应。[11] 如果你相信一种药丸能治病，那么你的大脑和身体产生真正有利于治疗的神经生理学条件。改善不健康的人际关系或不正常的组织氛围中的对话也是一样。欣赏式对话会令人们相信有可能建立一种牢固而充满爱的人际关系，或者一种可以令人茁壮成长的氛围。这样的对话会改变大脑化学物质，让我们更有可能把期待的未来变成现实。回忆一下丹尼尔和第一民族帮派成员的合作。他相信正向架构和好奇心的力量，从而提出了生成性问题，促使他之前没有看到的一些东西真正浮出水面。你拥有哪些坚定的信念，对你茁壮成长的能力产生正向影响？

- 皮格马利翁效应。[12] 我们对别人的信念和意象也会影响他们的生活。例如，如果经理相信一名员工可以取得成功，这名员工就更有可能做到这一点。经理的信念会促使他看到员工的潜力，为员工取得成功提供必要的支持。而且，其他人也会看到这种动态变化，进一步影响他们怎样看待这名员工。反过来，这又会影响神经生理学的协调状态，让这名员工即使在存在挑战的情况下也能充分发挥、表现优秀。回忆一下贾马尔在萨默斯女士和维蒂特女士的课堂上的经历。他是成功还是失败，与她们对他的信念存在直接关联。皮格马利翁效应和安慰剂效应可以共同发挥作用，产生更明显的正向结果。丹尼尔和那些年轻人就是一个很好的例子。他对建导过程的信念促使他提出问题，从而让他看到帮派成员的长处。反过来，他对他们的信念也激励他们进一步培养自己的领导能力和团队合作能力，从而在活动中取得成功。你对家庭成员和工作同事的信念，对他们茁壮成长的能力有何影响？

- 正向影响，正向效应。[13] 我们使用的词语会对神经生理学产生直接影响，包括我们自己的和其他人的。我们对话的基调和方向可以影响周围人的大脑化学物质。正向架构和生成性问题会影响神经生理学的协调状态，并为个体充分发挥潜力提供空间。维蒂特女士面对贾马尔正是这么做的。丹尼尔改变做法，提出生成性问题，对男孩们产生了立竿见影的影响。加布里亚对教务长提出的问题马上就改变了他的神经生理反应，通过他的表情变化以及对话基调和方向的变化体现出来。看看你今天能否仅仅通过提出一个生成性问题，就对其他人产生正向影响。

正向架构与我们日益增强的能力息息相关，这并不是什么新的理念。诺曼·文森特·皮尔（Norman Vincent Peale）和齐格·齐格勒（Zig Zigler）[14] 在20世纪四五十年代就开始宣扬这一点。近年来，一些反对者认为他们的想法是一派胡言。然而，21世纪的技术变革使我们能够将神经生理学化学与这些理念真正联系起来。现在，硬科学证实了正向架构和保持正向态度的价值。正向心理学领域的研究进一步强调了这对组织和人际关系的益处。

正向心理学

我们在值得进行的对话中表现出的是活力、创造力和正向情绪。正向心理学领域的研究表明，正向情绪和个体表现优秀与团结合作的能力息息相关。20 世纪 90 年代末，芭芭拉·弗雷德里克森（Barbara Fredrickson）对当时刚出现的正向心理学领域进行了开创性研究，结果发现，正向情绪确实会增强我们的高阶思维、创造力、共情、合作、精神复原和建立连接的能力。[15]

在过去 20 年中，弗雷德里克森的研究强调了正向性（保持正向或乐观态度）的益处。产生正向情绪的思考、行为和活动会扩展我们的思维领域，增强创造力。[16] 正向情绪不仅仅包括快乐和幸福。弗雷德里克森列出了很多能产生正向性的情绪，包括兴趣、希望、感激、亲切、惊喜、自信、热情、满足、灵感、敬畏、爱等。

把人们连接起来的、有价值的对话，会揭示怎样做才能激发人们对于理想未来的意象，进一步培养这类情绪。弗雷德里克森的开创性研究"正向情绪有何好处？"以及随后出版的《正向性》(Positivity)一书，证明了正向性会创造出一种信心和乐观的上升螺旋。[17]这种上升螺旋会提升我们的健康水平和幸福感，也会增强我们变革、成长、学习、建立有效的人际关系和找到解决方案的能力。每个组织都在寻找这样的人。好消息是：这样的人已经出现在每一个组织和社区中。更好的消息是：你可以让每个人展现出自身最佳的一面，通过正向的架构和生成性问题促进每个人发挥有成效、有意义的作用。

组织领导者对马西亚尔·洛萨达（Marcial Losada）和艾米莉·希菲（Emily Heaphy）针对组织团队进行的研究尤其感兴趣。[18]他们研究了对话对团队表现的影响，通过观察盈亏、客户满意度和360°评价来衡量这种影响。他们倾听团队的对话，计算正向互动与负向互动的比率，探询与主张陈述的比率，以及关注自我与关注他人的比率，得到了意义深远的结果（见表6.1）。由表6.1可知，高绩效团队的正向互动与负向互动的比率为6∶1，而这

第六章 这不是魔法，是科学

正是获得有效的群体动力的诀窍。考虑到神经生理学和绩效方面的科学研究，这并不令人感到惊讶。

我们的互动和结果之间的联系不仅仅体现在工作上。约翰·戈特曼（John Gottman）围绕婚姻成功原因进行的研究表明，正向互动与负向互动的比例为5∶1时，将会产生魔法般的效应。他发现，当夫妻之间的正向负动和负向互动的比例接近5∶1时，婚姻成功的可能性更大；比率接近1∶1时，婚姻会迅速发展到离婚。[19]

表6.1 洛萨达和希菲的研究结果

对话类型	高绩效团队	低绩效团队
正向—负向	6∶1	1∶20
探询—主张	1∶1	1∶3
自我—他人	1∶1	30∶1

戈特曼基于夫妻之间的互动预测他们婚姻的未来，验证了他的魔法比率。1992年，他为700对夫妻中的每一对录下15分钟对话，计算正向互动和负向互动的比例。10年后，他对每一对夫妻进行跟踪调查，结果证实，他预测离婚的准确率达到94%！[20] 如果我们能听到你的

团队或家庭成员之间的15分钟对话，我们可以预测出怎样的结果？

除了提升人际关系以及让我们培养出更多样的能力之外，基于欣赏式探询的对话会促使我们发挥有意义的作用、采取令人产生成就感的行动。公认开创了这一心理学领域的马丁·塞利格曼（Martin Seligman）[21]认为，正向心理学的主题是"幸福，幸福的黄金标准是繁荣成长，正向心理学的目标是促进繁荣成长"[22]。塞利格曼认为，实现繁荣成长的方式是增加正向情绪、敬业度、意义、正向人际关系和成就。[23]而这些指标都与值得进行的对话有关联。如果你希望帮助你的组织繁荣成长，那么你要确保工作场所的对话本质上以欣赏和探询为主。

如果你希望实现强大的人际关系、高绩效的团队以及成功的组织，只需应用这两项基本的欣赏式探询实践。在大部分时间里参与值得进行的对话或肯定性对话非常重要，但并不需要在所有的时间里都这样。总会有负向的互动和状况引起负向情绪。这也没关系。弗雷德里克森的研究表明，正向互动与负向互动的比率达到3∶1已足以维持正向性。洛萨达和希菲的研究表明，高绩效团队需要将该比率提高为 6∶1。戈特曼认为成功的人际关系需要将该比率维持在 5∶1。理解这些不同研究结果的关键在于，我们应该让正向互动和负向互动保持一个健康的平衡。回忆一下，卡迈尔与伊丽莎白和拉姆谈及他们存在的问题时，他们的第一反应是怎样的？他们为自己"做得不够好"而感到尴尬。是什么使他们能够挺身而出克服困难，而非在失望中崩溃？是他们在多次正向互动中建立起来的精神恢复力，再加上卡迈尔基于欣赏式探询的做法，让他们共同创建了解决方案。我们建议把目标设为比率 4∶1，因为我们都很熟悉这个比率：80/20 法则。[24]

你是否因书中引人入胜的故事受到启发，或者被书中的科学证据说服，又或二者兼有？显然，如果你希望激发出人类天性中的最佳一面，不妨实践一下正向架构和生成性问题。最重要的是，值得进行的谈话绝非遥不可及。你可以有意识地增强自己茁壮成长的能力，即使是在这个不确定的世界中。在最后一章中，你会看到在任何时间、任何地点、任何情况下，做到这一点都是有可能的。

第七章
无所不在的对话

你们的对话有助于创造你们的世界。谈论快乐,而非不满。谈论希望,而非绝望。让你的话语包扎伤口,而非造成伤口。

——《道德经》心得

欣赏式探询是一种基于长处的方法，用以发现周围的人、组织和社区的最佳一面。欣赏式探询研究表明，系统（个体、团队、组织和社区）会朝向人们所提出问题的方向前进。如果人们体验过以这种方式存在于这个世界之中、了解这个世界的意义，欣赏式探询会激发人们的正向情绪，为无法想象的可能性打开大门。简·马格鲁德·沃特金斯（Jane Magruder Watkins）是一位欣赏式探询高级顾问、组织发展顾问，也是一位作家，她对于这种存在方式给出了最佳描述。她称欣赏式探询是"一种思想、心灵和想象力的习惯，追求成功和赋予生命的力量，而非灾难和绝望"[1]。要开始进行欣赏式探询对话，基本需要学习两种简单实践：应用正向架构和生成性问题。等到遵循欣赏式探询原则成为你的第二天性以后，你自己就会在大多数时候自然而然地发起有成效、有意义的互动。

欣赏式探询助你实现高效对话

从基本实践开始

首先，观察家庭中和工作中的对话。在你开始有意识地实践正向架构和生成性问题之前，先用一天时间进行这项练习（不过你都读到这里了，也许很难忍住！）：

1. 拿出一张索引卡，一边标为"正向"，另一边标为"负向"。在你观察或进行每一次对话之后（无论对话长短如何，无论你是在观察别人对话还是与自己或别人进行对话），都在相应的一栏打钩，表明这是一次欣赏式（正向）对话还是贬低式（负向）对话。如果这是你自己参与的一次对话，写下几个词记录你在互动期间和互动之后的感受以及整体上这是否属于一次值得进行的对话。如果这是你观察的一次对话，写下几个词记录你的位置以及互动的基调和方向。记录你对别人肢体语言的观察结果。

2. 在这一天结束时，反思你自己的对话以及你观察到的对话。你也可以思考一下你对这一天的感受以及你实现的目标。

3. 你可以分别统计所有正向对话和负向对话，计算自己的正向性比率。如果这个比率小于3∶1，那说明是时候改变你的对话了。幸运的是，运用一种简单的方法就能做到这一点！

如果你是一个高效的问题解决者，也许你整个一生都会因为这种特质而获益。我们并不会建议你放弃这种非常有效的技能。相反，我们会帮你认识到在哪些时候欣赏式的方法更有效。我们希望你体验一下应用更传统的问题解决方法与应用欣赏式方法找到解决方案的区别。为了验证这种对比的结果，今天或明天试着做几次以下练习：

1. 当你和别人在一起时，要有意识地发现难题。给出解决方案或者围绕怎样解决难题提出问题。观察别人的反应。围绕解决难题提出问题一般会具体询问是什么地方出了错、什么不起作用以及为什么。注意这些对话的动态变化。观察微妙的肢体语言以及对话的基调和方向。在同样的情况下，如果有人为你带来一个难题，应集思广益寻找解决方案，同时注意对话怎样发展。

2. 然后有意识地转变成正向架构，提出生成性问题。正向架构将难题翻转为期待的结果。提出生成性问题的目的在于了解发挥作用的是什么、进展顺利的是什么、在某种情况下有价值的是什么、可能有价值的是什么、可能性是什么以及期待的是什么。如果有人指出难题，向他们提出一个生成性问题以翻转关注焦点，例如，难题"项目永远无法按照原本设计的方式运作"，其生成性问题可以是："我们可以做出怎样的改变，让它发挥作用？"关注对话发生了怎样的动态变化。注意身体语言、精力状况以及对话的基调和方向的变化。如果有人向你提出一个希望解决的难题，这种做法尤其有效。也许，首先找到他们真正想要的东西会带来很大帮助。

3. 这些参与对话的不同方式，令你和其他人产生了怎样的情绪和感受？如果你是个很棒的问题解决者，这种对话也许会激励你。对话中的其他人呢？哪种方法可以在所有人之间建立更强大的人际关系？

第七章 无所不在的对话

可以为每个人留出空间？启发最具创新性的解决方案？

下面给出了一些例子，对比人们在了解这两种实践之前和之后参与对话的方式。哪些是值得进行的对话？

与你自己对话

之前：为什么我今天没能完成更多任务？如果我不把工作带回家做，怎么做得完？我筋疲力尽，但也得把报告带回家。我厌倦了每天晚上在家工作。这件事必须做完，没有人帮我，我没法为明天上午10点的会议做好准备。

之后：我需要在明天之前完成这份报告，而今天没时间了！我怎样才能以最高效的方式在明天上午10点之前搞定这份报告？完成这项任务需要什么？我可以明天一大早就过来上班；这样就行！

与你的伴侣/配偶对话

之前：我不开心。你总是筋疲力尽，我厌倦了只能看电视。为什么我们总是什么都不做？

之后：你知道的，我们以前一起做过很多事，我真的很喜欢那段时光。我怀念以前。还记得那时候我们……我们怎样才能再去做那些事情？

与你的孩子对话

之前：你为什么不能按时回家？你不能在晚上宵禁后那么晚才回家。也许你需要被禁足一个星期！

之后：我真的希望你能在宵禁前回家。我们有充分的理由给你规定这个回家的时间。而且，如果你没能按时回来，我会很担心。有时候你确实能准时回家。你在哪些情况下可以按时回家？怎样才能让这种情况更常见？我希望能知道你是安全的。我们双方能做些什么，确保我在你晚归时不会担心？

与同事对话

之前：错过最后期限对整个部门来说确实是个问题。你为什么会耽误？如果你无法完成这项工作，我们可以交给能做完的人去做。

之后：如果我们能高效、准时地完成项目，我们就会处于更有利的位置，可以实现我们的目标。你是否认同这一点？为了确保你在这个项目中的工作能够按时完成，你需要什么帮助？

与政府对话

之前：为什么我们公民之间存在这么多分歧？

之后：哪些组织正在努力弥合国内分歧？我们怎样才能把那些活动引入我们自己的社区？

仅仅改变你对一个情境的架构方式以及你提出的问题，就能改变一次互动及其结果。事实证明，正向架构和生成性问题即使在最困难的情况下也能带来巨大的变革和有价值的结果。在我们撰写这本著作时，很多分裂和负向的种子正在被播撒到国内外对话中。我们希望你可以在社区和工作场所中，尤其是在已出现两极分歧的状况下，成为值得进行的对话的播种者。在国内外对话中实践正向架构和提出生成性问题，可以真正开始修补甚至加强我们的社区和国家的组织结构。

也许这意味着即使在逆境中也要寻找机会想办法引出最佳的一面。也许意味着提问:"这件可怕的事情有什么价值?"这首先要求你反思自己的信念和理解方式,然后打开门,让有意义的新事物进来。欣赏式探询原则会引领你实现这个目标。

按原则行事

原则是"应用于人类互动和参与的广泛领域的基本规则或真理"[2]。无论我们是否意识得到,第四章中介绍的几项原则就属于真理。无论我们怎样行动,它们都属于真理。它们可以预测我们行动的结果。这种预测的特征就是这些原则的价值所在。如果我们能意识到这些原则的存在,就可以应用它们增强我们的能力,进一步发挥有意义的作用。

在你开始实践正向架构和生成性问题时,最初很可能会与这些原则发生冲突。你是否还记得,印度科技公司的拉维进行了正向架构,提出了生成性问题,但最终结果是一次贬低式对话?他与这些原则,也即基本规则发生了冲突。成功应用欣赏式探询实践意味着遵循这些原则帮助你调整自己的想法和感受，与你的架构、语言和期待结果保持一致。关于欣赏式探询原则，要记住以下内容：

建构主义原则：推崇理解、人际动力学，最终通过语言和对话创造现实。遵循这项原则意味着：

- 深入思考你为一次互动带来的意义；
- 不要固执地坚持自己的观点，要保持开放的心态；
- 选择能够创造新意义和理解他人的词语。

同步原则：变化就发生在提出问题或进行陈述的那一刻。遵循这项原则意味着：

- 密切关注你的语言，你所运用的语言要与你的意图保持一致；
- 注意你的语言对自己和他人产生的影响；
- 提出生成性问题，清楚地了解其他人言语背后的意图，而不仅仅是对他们的话做出反应。

诗意原则：每个人、每个组织或每个情景都可以从很多角度去看待和理解。遵循这项原则意味着：

- 保持开放的心态，避免评判；
- 意识到你关注的只是全局的一部分；
- 关注可能性（而非深入研究怎样"修复"事物）、快乐的时刻（而非沉湎于恐惧或担忧）以及能量和动力的来源（而非惰性）；
- 认识到你可以选择怎样诠释自己生活中发生的事情。

预期原则：我们的意象和想法会影响我们的对话，也影响未来。遵循这项原则意味着：

- 期待正向结果；
- 期待你想要的事物，而非害怕你不想要的事物；
- 寻找机会、善行、真实和美好。

正向原则：问题的正向性和生成性越强，结果的正向性和持久性越强。遵循这项原则意味着：

- 提出大胆的生成性问题，激发关于可能性的强烈肯定性意象。

    这些原则强化了一种理念，即我们所想、所说、所做的一切都会推动我们和周围的人朝着某个方向前进。这些原则会强调并推动我们的对话，无论我们是否意识到这一点。让我们的想法和感受与正向架构保持一致，生成性问题就会自然而然地出现。

    在任何情况下，你都可以选择很多不同方式应用正向架构和提出生成性问题。你提出的问题可以生成理念或引发最佳实践、追求明确理解、激励个人发挥自己的长处，或者寻找事情进展顺利、人们发挥最佳的时刻。

    从日常个人生活中的挑战到工作和社区中的复杂挑战，运用欣赏式探询原则的知识，实践正向架构和生成性问题，是一种保持值得进行的对话的很好方法，能促进人们发挥有成效、有意义的作用。

欣赏式探询助你实现高效对话

下一次对话

本书的内容是关于怎样通过有意识地参与值得进行的对话，创造机会，同时加深我们充满活力、创造力、意义和快乐的感觉。我们可以通过两种简单的实践和遵循欣赏式探询原则来做到这一点。正如大卫·库珀里德所说："在我们与他人之间的连接和对话的深处，我们通过每一次对话改变了我们自己和我们的人际关系。"[3] 在最后一章中，我们将强调我们分享的故事中体现出的一些关键知识：

- 理念、语言和行动都会产生影响。注意你在对话中怎样应用这些产生你期待的影响。
- 对话创造出意象，进一步创造出我们未来的蓝图。通过提出最具生成性的问题，创造出最正向的意象。这将是引人注目的意象。
- 就一次对话而言，你有很多选择（批评性的、破坏性的、肯定性的或精彩的对话）。做出选择，实现值得进行的对话。

第七章　无所不在的对话

- 没有什么是静态的。一切都是动态的、流动的。

这不是针对你的,也不是针对另一个人的。更确切地说,这是针对双方的交集,即对话的,并且可能在一瞬间发生变化。

有时,笔者仍然会发现自己陷入了"这岂不是很糟糕"的对话中。我们仍然会指出什么地方出了错。当我们意识到这一点时,我们会摇摇脑袋,回忆一下正在学习的新习惯,希望发挥有成效、有意义的作用。只有在这种时候,我们才会不再纠结于阻碍我们前进的自我批评。我们鼓励你对自己以及和你一起进行这次冒险的其他人抱有同情心。

如果你已经读到这里,那么你知道了怎样才能参与值得进行的对话。当然,你无法在一夜之间就改变自己架构情境或提出问题的方式。然而,通过专心投入和日常实践,你将体验到正向影响,最终,这种存在方式会真正变成你自身的一部分。致力参与值得进行的对话会改变你的生活、你的工作以及你的世界。这种对话有潜力创造出巨大的变革。这种变革会推动你的生活和这个世界朝着更好的方向发展。

我们最后一个故事讲述了欣赏式探询如何将最困难的对话变成值得进行的对话。这个故事由杰奎琳的女儿艾丽撰写，描述了她13岁时的一次经历，发生在原本全家一起参加的三周徒步旅行假期意外取消之后不久。⁴ 艾丽的故事告诉我们，即使在谈不上赋予生命的时刻，我们也可以提出赋予生命的问题。她这样开头：

> 每次对话都是塑造和改变我们的一系列决定性时刻。

我们临近出发前一天，一切都很顺利，除了我爸爸一直在抱怨胃痛。我自私地希望这不会影响我们的假期。旅行前一天下午，我知道自己大错特错。旅行很快就被取消了。

我父亲被诊断为四期淋巴瘤，生存机会只有50%。那个夏天他大部分时间都住在医院里。我妈妈一直陪着他。这是我第一次离开父母。我和弟弟亚当被托付给一个又一个亲戚。我们每周只能去看我爸爸一次，时间也

第七章 无所不在的对话

很短。

我对于可能发生的事情感到害怕。如果死神突然把他夺走,我不知道我要怎么办。我试着表现出勇敢的模样,但我很害怕。我想:"如果化疗没有效果怎么办?如果他去世了怎么办?"我努力把这些想法从我的脑子里赶出去,但这些想法始终留在那里。白天,我装作没事的样子——别人对我说话时,我笑着点头,好像在听,但其实我心不在焉,完全听不到别人对我说了什么。我到处转悠,表面看似正常,内心却既害怕又困惑。

我记得我问妈妈:"爸爸会死吗?"我希望她能说:"不,艾丽,一切都会变好的。"但她没有,而是说:"艾丽,我们都会在某一天死去,但现在我们必须保持正向的态度,感激眼前的一切。"但仅此而已,她并没有向我保证爸爸会没事。当时,我觉得这很难接受,因为我只想听她说爸爸会好转的。这不是我想要的答案。但奇怪的是,它为我带来一些安慰。妈妈足够信任我,把真相告诉了我。

我还记得我和妈妈的那次对话。"我怎么可能感激?整个情况糟透了。"我不由得脱口而出。"是的,确实是,

欣赏式探询助你实现高效对话

亲爱的。"她回答说，承认我的感受。然后，妈妈做了她在我伤心或沮丧时经常做的事情：她改变了这次对话。"告诉我，你和爸爸相处的那些时刻，你最喜欢的是什么时候？"她问我，仿佛这是世界上最自然的问题。我猝不及防，只能停下来思考。我说："我喜欢我和爸爸在厨房里一边烤面包，一边播放我们最喜欢的音乐的时候。"

"艾丽，你还喜欢你爸爸的什么地方？"她带着发自心底的微笑问道。这个问题很简单。我说："我喜欢他和我一起坐在前门廊里，看着太阳落山。"

"是的，我也喜欢，"她陷入沉思，"你觉得你爸爸最喜欢你的什么地方？"

"我想他喜欢我逗他笑。"我说道，同时内心突然浮现出一个画面：爸爸被我逗笑了，牛奶从他嘴里喷了出来。我在心里默默笑了。

"哦，是的，他肯定喜欢你逗他笑，"我妈妈肯定了这一点，"让我来告诉你，艾丽，今晚我希望你坐在前门廊里看着太阳落山。在你这样做的时候，我会把你爸爸推到医院窗口，我们也会看到同样的景象。这很完美：我们的前门廊朝东，对着医院；你爸爸的医院窗户朝西，

第七章　无所不在的对话

对着我们家。这样你们两个人可以一起欣赏日落，只不过是在不同的地方。听起来怎么样？"她问。

"好的，妈妈，我想我喜欢这样。"我回答。奇怪的是，我突然对即将到来的夜晚充满了期待。她给了我一个拥抱，然后我看着她又开车回到医院。在她驾车离开时，我发现自己再次露出微笑。我心想：我们在这么糟糕的时候进行了一次多么美妙的对话啊。

当我现在回顾我们的对话时，我意识到妈妈的秘方在于她总是诚实地对待我。她从来不会告诉我"一切都会好起来的"或者"很快，一切都会恢复正常"。我知道妈妈说的就是事实，而不是仅仅为了让我感觉好一点。最初，我感觉这好像只是为了保持正向的态度，但后来我意识到，这些对话围绕着目前的情况是什么、可以变成怎样、可能发生什么。我真正学会了只关注哪些事情有助于我爸爸的治疗、有助于让他恢复对生活的渴望。三年后的今天，我爸爸已经恢复了正常工作，我们又可以一起坐在前门廊里欣赏日落。欣赏式探询帮助我们度过了那段黑暗时光，帮助我们应用我们的长处恢复我们的信念。对于一个13岁的孩子来说，这是很难理解的一课，但我很幸运——我一直以来的成长环境都信奉欣赏式探询的理念。

这次经历真正改变了我，因为我学会了抱着欣赏的态度生活。在感到绝望的时刻应用欣赏式探询，起初对我并没有什么用。我不能告诉你我因此变成了一个更好的人，但我可以告诉你，我变成了一个与此前的我不同的人。对我来说，这是一个转折点——我的想法从"我要怎么办"转变到"我能做些什么帮助我的父母和其他人？"。我学会了接受责任，学会了应对可能永远失去我所爱的人这种想法。我希望以后永远不会再经历这种事情，但如果真地发生了，我知道应该从哪里开始、怎样开始对话。

这个故事有一个正向的结局，即她的父亲保罗的恢复情况很好。他的病情得到缓解，家里每个人的生活都恢复了"新的常态"。艾丽又可以当个少年了，但现在她是个懂得欣赏的少年。她学会了怎样基于欣赏式探询的视角，应用探询的力量应对艰难的状况。她与大家分享时说："我学会了懂得欣赏、保持信心、不要失去希望。

如今，我会从欣赏的角度看待问题，情况顺利时这很容易；但如果情况不顺利，这会成为艰巨的挑战。我试着在任何情况下都着眼于好的方面以及可以变成怎样，最重要的是对我拥有的一切保持欣赏的心态。"

艾丽的故事说明，我们所有人即使在困难时期也可以感到幸福快乐。为了创造强大的、值得进行的正向对话，应用欣赏和探询是最基本的。回忆我们之前讲述的故事：他们每个人怎样学会创造出正向转变？靠的是实践正向架构和提出生成性问题。由此产生的对话会促使人们积极发挥作用，产生正向成果，从而创造出一种人们可以在其中展现出自己最佳一面的环境。人类系统要么退化，要么朝向未来成长和进化。为什么不能让未来变成有益于所有人的样子？我们介绍了一种简单的方法来做到这一点。

撰写这本书是一次谦虚、合作的学习过程。大多数时候，我们围绕着我们的工作进行有成效、有意义的对话。当然，有时候我们也会因为某种理念出现争论和分歧。在这些颇具挑战性的时刻亲自实践我们所写的内容，事实证明，这是一种令人惊叹的体验。我们发现，进展顺利会为我们带来真正的喜悦。此外，社区成员的参与使我们在一路上得到了很大帮助，包括家庭成员、贝瑞特－科勒（Berrett Koehler）出版社、同事们和朋友们。

正如我们在一开始提到的，我们认为自己在这场名为生活的冒险活动中还要不断学习。你是怎样在生活中开始和维持值得进行的对话的？我们希望听到你的问题、评论、想法、建议和理念。请访问我们的网站www.conversationsworthhaving.today，分享你自己实现正向变革的故事。

外面的世界有很多可能性。任何可能性想要成为现实，都取决于我们的对话。接下来你会进行怎样的对话？

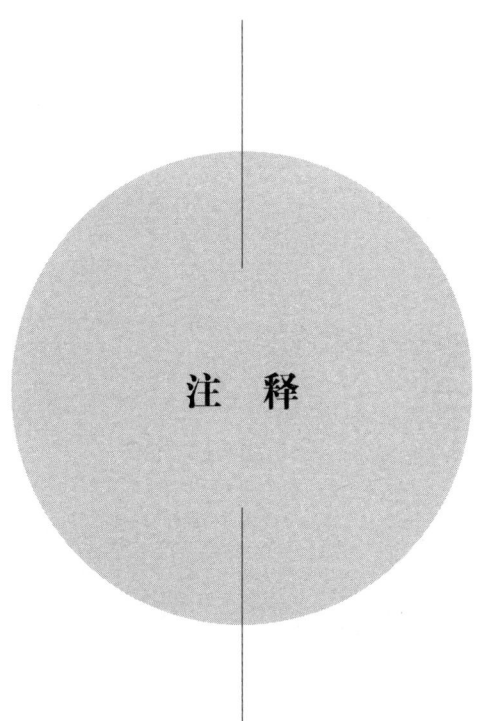

注 释

引 言

1. See Dee Hock, *One from Many: Visa and the Rise of the Chaordic Organization* (San Francisco: Berrett-Koehler, 2005). Also see Fast Company's *The Trillion-Dollar Vision of Dee Hock: The Corporate Radical Who Organized Visa Wants to Dis-organize Your Company,* 1996. 开场白出自私人对话。

2. Peter Senge, Foreword, in Hock, *One from Many*.

3. David Cooperrider, "The Gift of New Eyes: Personal Reflections on Appreciative Inquiry into Organizational Life," in A. Shani et al., eds., *Research in Organizational Change and Development*, vol. 25 (Bingley, UK: Emerald, 2017).

4. 在欣赏式探询中,"正向"这个术语与其说是一个答案，不如说是一个问题。它邀请我们对真实、美好、更好和可能性（一切"赋予生命"的事物以及价值确实值得重视的事物）进行欣赏式的探索。欣赏式探询是为了在组织、社区、行业、国家、家庭、网络、社会、人际关系和我们的全球生命系统在不可分割的、相互间的亲密关系中处于最有活力、共同繁荣的时刻，寻找什么为生命系统"赋予生命"。欣赏式探询的生成性恰恰在于其乃"生命启发探询"的北极星，探索的开始不在于当前的理想（确定性），而是在于未经探索的可能性的诱惑（暗示还有更多），在真实的质感中可以感受到可能性与正向潜能——在那些不平凡的时刻（正向偏离）、在那些平凡时刻（就像梵高看到茶壶或其他"平凡"事物的本质），甚至在那些涉及悲剧但非常有意义的时刻[参见维克多·弗兰克尔《活出生命的意义》(*Man's Search for Meaning*)]，寻找我们这个世界赋予生命的最佳一面。所以，当你看到"正向"这个词时，不要思考答案，而是思考在这种环境和背景下是什么赋予了生命。那超出了我们目前的知识范畴，可以说"探询是改变我们生活的神秘体验"。欣赏和探询奇妙地融合在一起时，我们体验到的知识不是惰性的而是有生命的，同时也会作为我们的世界向新的可能性不断扩展的开端。如今我已经开始通过很多方式提问：是否有不带欣赏、没有价值、毫无意外的探询？是否不存在希腊人所说的"惊异"（thaumazein）——惊奇与钦佩之间的界限？这本书很好地阐述了怎样以易于应用的方式实施欣赏式探询的原则和实践，改进日常生活中的关键对话。

第一章 切换对话

1. 讽刺的是，最早的欣赏式探询应用正是克利夫兰诊所的故事。David Cooperrider and Suresh Srivastva, "Appreciative Inquiry in Organizational Life," in W. A. Pasmore and R. Woodman, *Research in Organization Change and Development* (Greenwich, CT: JAI Press, 1987), 129–169.

2. 如希望进一步了解欣赏式探询，请访问欣赏式探询公共资源 https://appreciative inquiry.champlain.edu。这一全球门户网站致力于全面分享关于欣赏式探询和迅速发展的正向变革学科的学术资源与实践工具。

第二章 你在进行什么样的对话

1. Jeffrey Ford and Laurie Ford, *The Four Conversations: Daily Conversations that Get Results* (San Francisco: Berrett-Koehler, 2009), 201. 他们的著作重点在于介绍发生在工作场所的四种对话：主动、理解、表现和终止。

2. Barbara Fredrickson, "The Role of Positive Emotions in Positive Psychology: The Broaden-and-Build Theory of Positive Emotions," *American Psychologist* 56, no. 3 (2001): 218–226.

3. Barbara Fredrickson, *Positivity* (New York: JMF Books, 2009).

4. 马丁·塞利格曼（Martin Seligman）是正向心理学领域的先驱，重点研究幸福和人类繁荣成长。如希望进一步了解此领域的发展历程，请访问 www.pursuit-of-happiness.org/history-of-happiness/martinseligman-psychology/。

5. Barbara Fredrickson, "What Good Are Positive Emotions" *Rev. General Psychology* 2, no. 30 (September 1998): 300–319.

6. 未来的研究所一般是非营利研究组织，致力开发帮助人们创造未来的实用工具、研究和计划。这些研究所跟踪信号、地图和文物，并且让人们聚集在一起批判性地思考在一个不断快速变化的世界中怎样做出反应。这些机构相互协作，帮助我们在面对未来时能深谋远虑。

7. Gervase Bushe, "Generative Process, Generative Outcomes: The Transformational Potential of Appreciative Inquiry," in D. L. Cooperrider et al., eds., *Organizational Generativity: The Appreciative Inquiry Summit and a Scholarship of Transformation*, vol. 4, *Advances in Appreciative Inquiry* (Bingley, UK: Emerald, 2013), 89–113.

8. 实证研究证实，这会带来正向氛围，促使绩效明显提升。Kim Cameron, *Positive Leadership* (San Francisco: Berrett-Koehler, 2012), and the Center for Positive Organizations; see http://positiveorgs.bus.umich.edu.

9. 贺琳·安德森（Harlene Anderson）给出了这方面的例子，见 *Conversation, Language, and Possibilities: A Postmodern Approach to Therapy* (New York: Basic Books, 1997)。安德森探讨了治疗师和客户如何建立关系和对

话，使双方都能接触到以前似乎不存在的可能性。她强调了这方面的重要性："治疗师和客户参与协作和生成性对话，成为对话搭档，使他们的生活出现明显转变，并走向成功的未来。"

10. 玛丽莉·亚当斯（Marilee Adams）撰写两本关于问题思考的书。她列出两种提问模式——评判者提问模式和学习者模式，并详细说明了怎样从评判者模式转变为学习者模式。进一步阅读：Marilee Adams, *Change Your Questions, Change Your Life* (San Francisco: Berrett-Koehler, 2004)，以及她的第一本书 *The Art of the Question: A Guide to Short-Term Question-Centered Therapy* (New York: Wiley, 1998)。

11. 芭芭拉·弗雷德里克森（Barbara Fredrickson）的研究表明，为了保持健康和活力，我们需要保证正向情绪和负向情绪的比例至少为3∶1。马西亚尔·洛萨达（Marcial Losada）和艾米莉·希菲（Emily Heaphy）的研究表明，实际上高绩效团队的这个比例为6∶1。"The Role of Positivity and Connectivity in the Performance of Business Teams: A Nonlinear Dynamics Model," *American*

Behavioral Scientist 47, no. 6 (February 2004): 740–765.

12.Barbara Fredrickson, "The Value of Positive Emotions," *American Scientist* 91, no. 4 (2003): 330–334.

13.Losada and Heaphy, "The Role of Positivity and Connectivity in the Performance of Business Teams." John Gottman, *What Makes Marriages Succeed or Fail* (New York: Simon & Schuster, 1994).

14.正反馈是指通过回答两个问题进行欣赏式反馈的实践：你喜欢这个理念、项目、建议或计划的什么地方？你有什么建议能使它变得更好？

第三章　两种简单的欣赏式实践

1.Gervase Bushe, "Appreciative Inquiry Is Not (Just) About the Positive," OD Practitioner 39, no. 4 (2007): 30–35.

2.很多人使用"翻转"这个词来描述怎样从负向转变为正向。GTE 电话运营公司前总裁托马斯·H. 怀特（Thomas H. White）在以下著作中描述在他的组织中应用欣赏式探询时提到了"硬币翻转到另一面"：David L. Cooperrider, Diana Whitney, Jacqueline M. Stavros,

Appreciative Inquiry Handbook, p. xx (Bedford Heights, OH: Lakeshore, 2003)。戴安娜·惠特尼（Diana Whitney）、阿曼达·特罗斯滕-布鲁姆（Amanda Trosten-Bloom）和凯·雷德（Kae Rader）在以下著作中描述了"翻转"：*Appreciative Leadership* (San Francisco: McGraw-Hill, 2010), 35–41。杰里米·麦卡锡（Jeremy McCarthy）在 http://psychologyofwellbeing.com 中提到"正向翻转"。多年来，这种转变在欣赏式探询社区中被称为"翻转"，在正向心理学社区中被称为"正向翻转"。

3.Bushe, "Generative Process, Generative Outcomes."

4.Chip Heath and Dan Heath, *Switch* (New York: Broadway Books, 2010).

5.格雷琴·斯普雷策（Gretchen Spreitzer）和斯科特·索南沙因（Scott Sonenshein）将正向偏差定义为"以体面的方式偏离参照群体规范的有意识行为"，"正向偏差的层次超出了实现效能或普通成功的范围"；参见："Positive Deviance and Extraordinary Performance," in K. S. Cameron, J. E. Dutton, and R. E. Quinn, eds., *Positive Organizational Scholarship: Foundations of a New Discipline* (San Francisco:

Berrett-Koehler, 2003), 207-224。

6. 关于在变革性的谈话中怎样以正向意图反思和重新架构,更多信息请参见：Robert J. Marshak, "Generative Conversations: How to Use Deep Listening and Transforming Talk in Coaching and Consulting," *Organization Development Practitioner* 56, no. 3 (2004): 25-29。

7. Fredrickson, "The Value of Positive Emotions," 330-334.

第四章　是什么驱动你的对话

1. 在苏雷士·斯里瓦斯特（Suresh Srivastva）的指导下,大卫·库珀里德创立了最初的欣赏式探询原则。这些原则最早由库珀里德和斯里瓦斯特提出,见："Appreciative Inquiry in Organizational Life," W. A. Pasmore and R. Woodman, eds., *Research in Organization Change and Development* (*Greenwich*, CT: JAI Press, 1987), 129-169.

2. 如希望更深入了解欣赏式探询原则及其如何控制和影响我们的行动与人际关系,请参见：Jacqueline M. Stavros and Cheri Torres, *Dynamic Relationships:*

Unleashing the Power of Appreciative Inquiry in Daily Living (Chagrin Falls, OH: Taos Institute Publishing, 2005)。

3. 关于是什么为一个系统赋予生命的欣赏式探询的系统性发现,更多信息请参见:David Cooperrider, Diana Whitney, and Jacqueline M. Stavros, *The Appreciative Inquiry Handbook*, 2nd ed. (San Francisco: Berrett-Koehler, 2008)。

4. 所谓"建构主义",我们指的是社会建构主义。这种知识理论基于以下理念:我们会根据我们的经验和共同假设,共同地(也即社会化地)建构关于这个世界的意义和理解。我们创造了这个社会世界的模型,然后我们通过语言分享这些模型并使之具体化。社会建构主义理论和实践中最重要的领导者是陶斯学会的成员。请访问以下网站了解更多信息和资源:www.taosinstitute.net。

5. 绳索课程,也称挑战课程,包含一系列需要大量团队合作和共同领导才能取得成功的活动。这些课程一般在树林中进行。这类课程在拓展训练中得到了普及。

6. Cheri Torres, *The Appreciative Facilitator: A Handbook for Teachers and Facilitators* (Asheville, NC:

Collaborative by Design, 2001).

7. 诗意原则认为："我们的生活就像一本打开的书或者一首诗，不断地被撰写、重写、阅读和重新诠释。如果我们提出不同的问题，那么我们就可以在旧的故事线中找到新的含义。" In Stavros and Torres, *Dynamic Relationships*, 66.

8. David L. Cooperrider, "Positive Image, Positive Action: The Affirmative Basis of Organizing," in Suresh Srivastva and David L. Cooperrider, *Appreciative Management and Leadership*, rev. ed. (Euclid, OH: Lakeshore Communications, 1999), 91–125.

第五章　推广精彩的对话

1. 欲访问欣赏式探询公共资源，查看城市、国家、组织的实例，以及世界各地应用欣赏式探询 5-D 循环的全球倡议，请参见：https://appreciativeinquiry.champlain.edu/。

2. 关于费尔蒙特·桑特罗（Fairmount Santrol）的故事，请访问：www.youtube.com/watch?v= eGOvgFoDZaY。

3.Jenniffer Deckard, keynote speaker, "How Appreciative Inquiry Contributes to a Culture of Do Good, Do Well," Flourishing Conference, June 16, 2017, Cleveland, OH.

4.关于组织中欣赏式探询 5-D 循环的更深入信息，请参见：Diana Whitney and Amanda Trosten-Bloom, *The Power of Appreciative Inquiry*, and David L. Cooperrider, Diana Whitney, and Jacqueline M. Stavros, *The Appreciative Inquiry Handbook* (Euclid, OH: Lakeshore Publishers, 2005)。

5.关于应用欣赏式探询创建策略和战略计划，更多信息请参见：Jacqueline M. Stavros and Gina Hinrichs, *The Thin Book of SOAR: Building Strengths-Based Strategy* (Bend, OR: Thin Book, 2009), or visit www.soar-strategy.com。

第六章　这不是魔法，是科学

1.Margaret Wheatley, *Leadership and the New Science: Discovering Order in a Chaotic World* (San Francisco: Berrett-Koehler, 2006).

2. 正向心理学定义为"针对是什么带来值得度过的生活进行科学研究"。Christopher Peterson, "What Is Positive Psychology and What Is It Not", *Psychology Today* (May 16, 2008), www.psychologytoday.com/blog/the-good-life/200805/what-is-positive-psychology-and-what-is-it-not (accessed August 7, 2017). 可进一步将其定义为"在多个层面上对人类正向活动和繁荣进行科学研究,包括生活的生物学方面、个人方面、人际关系方面、制度方面、文化方面和全球维度"。Martin Seligman and Mihaly Csikszentmihalyi, "Positive Psychology: An Introduction," American Psychologist 55, no. 1 (2000): 5–14.

3. David Cooperrider, "The Concentration Effect of Strengths: How the Whole System AI Summits Bring Out the Best in Human Enterprise," Organizational Dynamics 41 (2012): 106–117.

4. University of California, Los Angeles, "New UCLA Imaging Study First to Show Placebo Alters Brain Function in Individuals with Major Depression," Science Daily, www.sciencedaily.com/releases/2002/01/020102074543.htm

(accessed June 19, 2016).

5.Doc Childre and Howard Martin, *The HeartMath Solution* (New York: HarperCollins, 1999).

6. 同5。

7.Cooperrider, "Positive Image, Positive Action," 93-95, 106.

8.Tania Lombrozo, "The Truth about the Right Brain/Left Brain Relationship," www.npr.org/sections/13.7/2013/12/02/248089436/the-truth-about-the-left-brain-right-brain-relationship (accessed June 19, 2016), and Evelyn Virschup and Bernard Virschup, Visual Imagery: The Language of the Right Brain(Los Angeles: University of Southern California School of Medicine, 1980).

9.Daniel S. Kirschenbaum, Arnold M. Tomarken, and Robert Holtzbauer, "Effects of Differential Self-Monitoring and Level of Mastery on Sports Performance: Brain Power Bowling," *Cognitive Therapy and Research 6*, no, 3 (1982): 335-342.

10.Cooperrider, "Positive Image, Positive Action," 109.

11.Cooperrider, "Positive Image, Positive Action," 95-96, and "The Power of the Placebo Effect," *Harvard Health Publications*, at www.health.harvard.edu/mental-health/the-power-of-the-placebo-effect (accessed August 6, 2017).

12.Robert Rosenthal, "Interpersonal Expectancy Effects: A 30-Year Perspective," *Current Directions in Psychological Sciences* 3, no. 6 (December 1994): 176–179, and Jane Elliott, "A Class Divided," PBS *Frontline*, www.pbs.org/wgbh/pages/frontline/shows/divided (accessed August 6, 2017).

13.Cooperrider, "Positive Image, Positive Action," 92–102.

14. 皮尔是美国一位很有影响力的正向思维力量推广者。齐格勒是一位非常成功的销售员、励志演说家和培训师。他撰写了超过12本著作，以他的正向信息和鼓励性话语影响了数百万人的生活。

15.Fredrickson, "The Broaden-and-Build Theory of Positive Emotions."

16. 同15，218-226。

17. Fredrickson, *Positivity*.

18. Losada and Heaphy, "The Role of Positivity and Connectivity in the Performance of Business Teams."

19. Gottman, *What Makes Marriages Succeed or Fail*.

20. 同 19。

21. 关于正向心理学历史的简要而完整的概述，请参见：T. S. Srinivasan, "The Five Founding Fathers and a History of Positive Psychology," *Positive Psychology Program* (February 12, 2015), available at https://positivepsychologyprogram.com/founding-fathers/ (accessed August 7, 2017)。

22. Martin Seligman, *Flourish: A Visionary New Understanding of Happiness and Well-being* (New York: Free Press, 2011), 13.

23. 同 22，16–18。

24. Cooperrider, "The Concentration Effect of Strengths."

第七章　无所不在的对话

1. 简·沃特金斯（Jane Watkins）发挥了重要作用，将欣赏式探询引入五十多个国家数百个组织的组织生活中。Jane Magruder Watkins, Bernard Mohr, and Ralph Kelly, Appreciative Inquiry: *Change at the Speed of Imagination*, 2nd ed. (San Francisco: Pfeiffer, 2011).

2. Neil Samuels and Cheri Torres, in collaboration with the Appreciative Governance Team, "Organizational Design Principles for Appreciative Governance," The AI Practitioner 13, no. 4 (November 2011): 24.

3. Stavros and Torres, Dynamic Relationships, 15.

4. 最初由艾丽撰写的完整故事，请参见：Young Practitioners, Co-Creating the Future of Appreciative Inquiry, "Learning to Leverage Appreciative Inquiry in a Not So Appreciative Moment," *The Appreciative Inquiry Practitioner* 19, no. 1 (February 2017)。艾丽回忆了在艰难情况下应用欣赏式探询进行的对话。本书引用这个故事时对其进行了删减和更新。

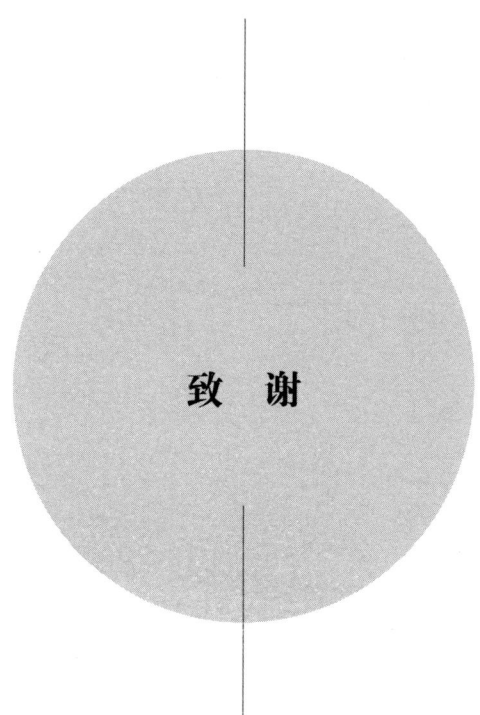

致　谢

没有哪本书是只靠作者单独创作的，这一本也一样。《对话中的欣赏式探询》源于我们与家人、同事、朋友、编辑和客户之间一次又一次的对话，其中很多人的故事都被我们写进了这本书。必须感谢我们两人之间15年的友谊以及我们的作风与气质的互补，这保证了我们合作创作本书时的平衡和清晰。进行一次精彩的对话其实很简单，我们对这一点的理解在写作过程中逐渐展现出来。当然，我们这本著作的基础在于大卫·库珀里德和他在凯斯西储大学的同事所做的精彩工作和慷慨态度。他们为世界带来一份礼物，为我们的生活和事业带来幸福。尤其要感谢大卫撰写的引言——令我们感到不胜荣幸。

我们也非常感谢帮助我们理解和实际应用欣赏式探询的其他欣赏式探询社区成员：弗兰克·巴雷特、格瓦什·布什、道恩·多尔-库珀里德、罗恩·弗莱、林赛·戈德温、科莱特·赫里克、拉尔夫·凯利、莎莉·李、简·马格鲁德-沃特金斯、莫·麦肯纳、伯纳德·莫尔、安妮·雷德福德、丹·森特、尼尔·萨缪尔、玛吉·席勒、大卫·谢克德、罗宾·斯特拉顿-伯克塞尔、阿曼达·特罗斯滕-布鲁姆、戴安娜·惠特尼和约普·德·扬。同时,我们感谢肯·格根和陶斯学院的同仁致力于社会建构领域的研究,并努力将成果应用于全世界。尤其要感谢我们的合作伙伴,多年以来我们之间大量值得进行的对话无疑为本书中的内容做出了很大贡献:繁荣成长领导学院(Flourishing Leadership Institute)的欣赏式三人组(乔恩·伯格霍夫、劳拉·麦克明和特伦特·舒尔茨);创新伙伴国际(Innovation Partners International)的成员(迈克·费森、丽莎·赫什、鲍勃·拉利伯特、艾达·乔·曼、伯纳德·莫尔、克莉丝汀·惠特尼·桑切斯和比尔·斯科特);洞察转变(Insight Shift)的科莱特·赫里克;欣赏式探询中心/专家公司的领导者(凯西·贝克尔、吉姆·普利姆和梅丽莎·罗比安娜);斯帕蒂娜(Spartina)的托尼·西尔伯特和詹·西尔伯特;下一部电影(NextMove)的成员

（海兹·奥本海默和阿米莉亚·特拉平）。

在整个创作过程中，我们与其他人围绕这本书进行了无数次对话。他们为我们带来鼓励的话语以及有价值的观点和反馈，帮助我们打造作品，包括：劳伦斯理工大学的管理团队、工作人员、教职工和学生；正向心理学与正向社区；正向组织中心（Center for Positive Organizations）；核电运行研究所的塔米·洛夫和其他工作人员。

我们也要感谢书中故事里出现的客户、同事、朋友和家庭成员。我们改写了大部分人的名字，但你们肯定能认出自己的故事。谢谢你们愿意作为实例与我们分享自己的故事，从而让我们可以把这些故事分享给更多的人。

我们尤其要感谢我们这个最新的大家庭——贝雷特·科勒出版社的成员。按照我们认识的顺序，我们首先非常感谢吉万·西瓦苏布拉曼尼亚，感谢他无尽的耐心，感谢他为我们打开了通往出版社的大门。他等了很多年才等到我们成稿。我们喜欢他的体贴、坦率、幽默感和反应能力。

我们也要感谢我们的编辑史蒂夫·皮尔桑蒂，没有他就没有这本书。他认识到欣赏式探询在这个世界中的力量和影响，这使他与我们一起推出的作品更有说服力。他的知识、专长以及发人深省的问题，帮助我们简化了信息。我们非常感谢他愿意提出反对意见，让我们仔细思考模棱两可的地方，直至找到合适的方式阐明复杂的欣赏式探询概念。

我们真诚地感谢以下递交给出版社的原稿的评论家奉献给我们的时间、关心和非常有用的建议：朱莉·克莱顿、贝蒂·克拉考、卡罗尔·梅茨克和克洛伊·帕克。以上每一位有见地的女士都对最终稿做出了宝贵的贡献。另外，我们也很感激塞西尔·贝蒂特、丹·凯塞塔和艾德·金博尔奉献的时间和在编辑上的支持。尤其要感谢马克·莱维的灵感、写作技巧以及他持续为我们的对话带来的热情。

我们要感谢 500 多人对我们的英文书名给出反馈，*Conversations Worth Having* 最终胜出。非常感谢拉塞尔惠普尔和她的制作团队。本书的英文版封面设计要感谢拉塞尔·约翰逊和亚当·约翰逊，他们将我们关于封面的对话诠释为一个充满活力、色彩丰富的设计，能够为所有人接受。感谢我们的出版编辑兼文字设计师史蒂文·希亚特对细节的关注和审美眼光。感谢我们的排印编辑马克·伍德沃思和校对员汤姆·哈塞特。非常感谢考特尼·肖恩菲尔德为我们的书制作了音频版本。

我们的出版家族持续增大，我们因此得以与非凡卓越且注重细节的营销团队相遇并合作。非常感谢我们的团队领导迈克·克劳利以及玛丽亚·杰斯·阿吉洛、洛班纳吉·麦克法兰、莱斯利·克兰德尔、克里斯汀·弗兰茨、大卫·马歇尔、利兹·麦凯拉、凯蒂·希恩、马约瓦·托莫里和约翰娜·冯德林。感谢他们所有人帮助这本书向世界传达出信息。我们也要感谢出版社作者小组为出版社作者群体提供了改善心情、振奋精神、激励人心的研讨会和放松活动。我们很高兴有机会与其他作者交流，并感谢他们为我们带来的支持。我们非常兴奋能够成为这个社区的一员，我们将一如既往地慷慨奉献。

我们很荣幸能成为出版社家族的一员，通过我们的文字和作品履行使命：创造一个有益于所有人的世界！我们很荣幸能与这样可敬的组织一起踏上历史长河中的这趟旅程。

最后，我们要对我们的家人表示感谢。感谢我们各自的丈夫——保罗·斯塔夫罗斯和迈克尔·托雷斯，即使我们将晚上和周末的时间全部用于写作，他们也为我们带来爱、支持和鼓励。尤其要感谢保罗帮助我们设计卡片和网站时付出的热情和努力。

我们也深切意识到，孩子们为我们提供了无数机会，让我们能够学习和实践正向架构和生成性问题，并反复斟酌欣赏式探询原则。当我们把重点集中在错误上时，他们提出生成性问题让我们保持诚实，提醒我们去寻找世界中正确的事物。非常感谢艾丽，感谢她不断为我们喝彩以及最后一章中她定义人生的故事；感谢亚当，感谢他在写作占用我们大量时间时表现出的幽默感和照顾自己的能力。劳拉和卡门，我们非常感激你们的鼓励，你们了解我们的作品时表现出的喜悦，以及你们对世界上一切美好、真实和美丽的事物给出的反应。致我们所有的孩子：我们希望这个世界上的对话开始发生转变，创造出一个更绿色、更有爱心、更包容的人类世界，为你和你的孩子，以及子孙后代带来安全和活力。

大卫·L.库珀里德欣赏式探询中心

大卫·L.库珀里德欣赏式探询中心是卓越的致力于欣赏式探询和基于长处管理实践的全球中心。其总部位于美国佛蒙特州伯灵顿市查普林学院的罗伯特·P.斯蒂勒商学院。该中心是第一家专注于推广欣赏式探询理论与实践的学术性中心。

这家中心的使命在于培养世界上最好的领导者,让他们看到这个世界最佳的一面,以及发现和设计正向机构、组织和社区,从而提升、放大、引出我们人类最大的长处,参与正向组织发展与变革的实践。为了实现这项使命,中心提供教育项目、应用实践和全球知识孵化。中心的培养重点是支持其首要目标:每次培养一个欣赏式领导,从而改变世界。中心通过应用实践与全球各地的公司和组织建立了蓬勃发展的合作关系。中心与国际正向教育联盟合作召开世界正向教育加速器会议,旨在从早期教育开始推进正向教育。其他关键举措包括：

- 实施欣赏式探询认证计划——champlain.edu/ai-home/appreciative-education；
- 提供欣赏式探询公共资源——https://appreciativeinquiry.champlain.edu；
- 联合出版《欣赏式探询顾问国际期刊》(*AI Practitioner International Journal*)——aipractitioner.com；
- 围绕欣赏式探询在全世界的影响进行全球调查——aiworldinquiry.com。

这家中心以世界著名的欣赏式探询思想领袖大卫·L.库珀里德博士命名。这家中心能够成立，要感谢罗伯特·斯蒂勒和克里斯汀·斯蒂勒2012年赠送给查普林学院的礼物。欲了解更多信息，请访问visit www.champlain.edu/appreciativeinquiry。

作者简介

杰奎琳·斯塔夫罗斯管理博士

杰奎琳将热情投注于与别人一起发现他们的长处、找到机会以及制定正向变革的计划,取得有意义的结果。她因创立 SOAR 而闻名国际。SOAR 是一种针对关键思维、计划和领导的正向方法,注重长处、机会和志向,从而带来关键对话(www.soar-strategy.com)。她的工作核心是应用最受欢迎的正向变革方法之一——欣赏式探询,这种方法让人们、组织和社区表现出最佳一面,促进值得进行的对话,发挥有意义的作用,产生有意义的结果。

杰奎琳将基于长处的全系统实践整合到她的研究、教学、培训、指导和咨询工作中,从而巩固人际关系、提升表现、创造正向变革。她与一些组织合作进行领导力培养、团队建设和战略规划的工作。她帮助他们确定并表达出自己的价值观、愿景、使命、策略和战略举措，然后建立协作团队和社区，采取结果导向的行动。她的合作对象跨越所有领域，包括营利组织和非营利组织、政府以及广泛的行业。

杰奎琳是美国密歇根州南菲尔德市罗伦斯科技大学管理学院的教授，曾获得总统研究奖。她是繁荣成长领导学院（Flourishing Leadership Institute）的资深欣赏式探询策略师，库珀里德欣赏式探询中心和陶斯学院的欣赏式探询顾问协会成员。在加入罗伦斯科技大学之前，她合作的企业和组织包括制造企业、汽车企业、银行机构、技术企业、教育机构、医疗保健企业、政府部门等。她作为大学生所做的第一份专业工作是在屈科刀具（Cutco Cutlery）担任销售代表，这家企业的领导为她播下了正向的种子。

杰奎琳曾与人合著多本书籍和文章，包括：《欣赏式探询手册：领导力变革》（Appreciative Inquiry Handbook: For Leadership of Change）；《动态人际关系：在日常生活中释放欣赏式探询的力量》（Dynamic Relationships: Unleashing the Power of Appreciative Inquiry in Daily

Living）；《SOAR 手册：建立基于长处的战略》(*Thin Book of SOAR: Building Strengths-Based Strategy*)。她在超过 25 个国家进行了研究和工作。她围绕领导发展与变革的欣赏式探询、SOAR 和正向方法进行主题演讲。杰奎琳在凯斯西储大学威瑟海德管理学院获得管理学博士学位，在密歇根州立大学获得工商管理硕士（Master of Business Administration, MBA）学位，在韦恩州立大学获得学士学位。她和丈夫保罗、他们的孩子艾丽和亚当以及可爱的狗雷克斯一起住在美国密歇根州布莱顿。

切丽·托雷斯博士

切丽将热情投注于帮助人们通过值得进行的对话改变他们的人际关系、组织和社区。她专门研究领导和团队发展，重点研究怎样发挥有成效、有意义的作用。与她一起合作的领导者们学会了怎样通过人际动力学激发团队和组织的全部潜能，从而提升绩效和创新性，并实现目标。她也与社区和组织合作进行全系统变革与战略规划，集合所有的利益相关者进行规划、设计和协作行动。她曾与众多公司、政府组织、教育机构、公益/非政府组织合作，支持其成员提升学习、创新、领导、团队合作的能力。她培训了数千名培训师和教师，应用和实践体验式学习、欣赏式探询和其他基于长处的方法。除了美国，她也在墨西哥、加拿大、南美、欧洲和印度工作。

2009年，切丽创立了设计协作（Collaborative by Design），致力与客户和其他咨询团体围绕正向变革进行合作。她目前是很多这类团体的创始合伙人或者合作者，包括下一部电影组织、创新伙伴国际（Innovation Partners International）、Insight Shift、陶斯学院、欣赏式探询中心以及UniteWNC。

切丽拥有教育心理学博士学位，在田纳西大学专业研究合作学习。她还拥有MBA学位、超个人心理学硕士学位、文化转型工具/巴雷特价值中心2级认证以及螺旋动力整合理论II级认证。她撰写了很多书籍和文章，包括《欣赏式促进者：加速学习实践》（*The Appreciative Facilitator: Accelerated Learning Practices*）和《动态人际关系：在日常生活中释放欣赏式探询的力量》（*Dynamic Relationships: Unleashing the Power of Appreciative Inquiry in Daily Living*）。她与人合著了最新版《欣赏式探询发展》(*Advances in Appreciative Inquiry*) 中的一章以及《欣赏式教育》(*Appreciative Education*) 中的一章。她与合作伙伴共同设计和参与了移动团队挑战赛 (*Mobile Team Challenge*)。她住在北卡罗来纳州的阿什维尔,与她的丈夫迈克尔、他们的两只狗洛根和安娜贝尔、两只猫齐吉和露西住在一起。